Beltz & Gelberg Taschenbuch 747

D1722770

Eva Erben, geboren 1930 in Děčin/ČSR, lebte ab 1936 in Prag. Im Dezember 1941 wurde die Familie nach Theresienstadt deportiert, später nach Auschwitz. Nach dem Krieg kehrte Eva Erben nach Prag zurück, ließ sich zur Krankenschwester ausbilden und wanderte 1949 nach Israel aus. Sie lebt heute in Ashqelon, Israel.

Eva Erben

Mich hat man vergessen

Erinnerungen eines jüdischen Mädchens

Aus dem Hebräischen von
Nathan Jessen
Mit einem Nachwort von
Mirjam Pressler

Zu *Mich hat man vergessen* gibt es ein Lehrerbegleitheft
Beltz Verlag, Postfach 100161, 69441 Weinheim
ISBN 3 407 99072 3

www.beltz.de
Beltz & Gelberg Taschenbuch 747
Deutsche Erstausgabe
© 1996 Beltz & Gelberg
in der Verlagsgruppe Beltz · Weinheim Basel Berlin
Alle deutschsprachigen Rechte vorbehalten
© Eva Erben
Aus dem Hebräischen von Nathan Jessen
Lektorat: Frank Griesheimer
Neue Rechtschreibung
Einbandgestaltung: Wolfgang Rudelius
unter Verwendung eines Fotos, das Eva Erben (vorne)
mit ihrer Cousine Edith zeigt
Gesamtherstellung: Druckhaus Beltz, Hemsbach
Printed in Germany
ISBN 3 407 78747 2
7 8 9 10 11   07 06 05 04 03

Im Frühjahr 1979, an einem der Gedenktage an den Holocaust, bewachte ich den Eingang zur Schule meines zehnjährigen Sohnes Amir. Hier in Israel, wo wir leben, hatte es damals eine Reihe von terroristischen Überfällen auf Schulen gegeben, weshalb wir Eltern die Schulen unserer Kinder selbst bewachten. An diesem besonderen Tag kam die Lehrerin meines Sohnes auf mich zu und bat mich, in die Klasse zu kommen, um den Kindern von meinen Erinnerungen an den Holocaust zu erzählen: »Amir sagte mir, dass Sie diese Zeit miterlebt haben, dass Sie selbst in Lagern gewesen sind.«

Im ersten Moment dachte ich, dass ich diese Bitte nicht erfüllen könnte – dass es über meine Kräfte gehen würde. Aber neben meiner Scheu und Zurückhaltung spürte ich auch noch ein anderes Gefühl – dass es meine Pflicht sein könnte, den Nachgeborenen von jener schrecklichen Zeit zu erzählen.

Ich überlegte hin und her, schwankend zwischen Verschwiegenheit und Verantwortung, und schließlich trat ich in die Klasse und erzählte meine Geschichte – auch für all diejenigen, die nicht mehr reden können.

Dem Andenken meiner Eltern
Martha und Jindra Löwidt

Zur Welt gekommen bin ich in Prag, der Hauptstadt der Tschechoslowakei. Es war an einem Herbsttag im Oktober 1930.

Natürlich reichen meine Erinnerungen nicht so weit zurück. Das Erste, woran ich mich erinnere, sind die Reisen zu meiner Großmutter. Wir besuchten sie zweimal im Jahr, in den großen Sommerferien und im Winter zu Chanukka, dem jüdischen Lichterfest, das im Dezember gefeiert wird.

Sie wohnte in einem Dorf, das etwa vier Eisenbahnstunden von Prag entfernt lag. Im Winter war es schon dunkel, wenn wir dort eintrafen, und der weiße Schnee glänzte im Licht der Laternen.

Neben dem Bahnhof des Dorfes wartete Josef, der Kutscher, mit seinem Zweispänner auf uns. Er nahm mich in seine starken Arme und deckte mich gut mit einer Decke aus Pelz zu, die mich vor der starken Winterkälte schützte. Nachdem wir es uns in der Kutsche gemütlich gemacht hatten, trieb Josef die Pferde an, die mit einem heftigen Ruck anzogen, der uns alle beinahe von den Sitzen warf.

Das Geklingel der Pferdeglocken begleitete uns bis zum Haus der Großmutter, dem wir uns durch eine Allee mit hohen Bäumen näherten. Großmutter, Onkel Ernst, die Köchin Maria und das Hausmädchen Stella kamen uns an der Tür entgegen, sobald sie die Glocken hörten, und empfingen uns mit Umarmungen und Küssen.

Weil es schon spät war, wurde ich sofort schlafen gelegt. Ich bekam ein breites Bett in einem großen Zimmer, das angenehm nach Äpfeln roch. Großmutter lagerte die Äpfel während des Winters auf den Schränken. Nach dem langen Reisetag war ich müde, aber auch zufrieden, und bald schlief ich ein.

Bei einem der Besuche im Sommer ereignete sich etwas Lustiges mit einem Raben. Das Haus der Großmutter lag in einem schönen Garten mit hohen Bäumen. Gleich vor dem Schlafzimmerfenster stand ein großer Kastanienbaum, auf dem ein prächtiger schwarzer Rabe sein Nest hatte. Dieser Rabe fürchtete sich nicht vor uns und saß oft vor dem Fenster. Stand es offen, wagte er sich sogar ins Zimmer hinein. Dann hüpfte er vorsichtig zu dem großen Spiegel in der Zimmerecke. Glänzende Gegenstände zogen ihn an und der Spiegel fand seine ganz besondere Aufmerksamkeit. Ich sah ihm gerne dabei zu, wenn er sein Spiegelbild betrachtete, den Kopf von Seite zu Seite drehte und ein merkwürdiges Gekrächze von sich gab. Diesen Raben hatte ich in mein Herz geschlossen.

Eines Tages passierte es, dass Großmutter ein paar Ohrringe auf dem Tisch vor dem Spiegel liegen ließ. Als unser täglicher Besucher ins Zimmer hüpfte, fiel sein Blick natürlich sofort auf die glänzenden Dinger, und ehe ich mich versah, stand er auch schon neben den Ohrringen und betrachtete sie neugierig.

Plötzlich schnappte er einen der Ohrringe mit seinem langen Schnabel und flatterte aus dem Fenster. Großmutter und ich waren noch sprachlos vor Überraschung, als er schon hoch oben auf dem Baum saß, wo er sein neues Spielzeug ins Nest legte und es aufmerksam untersuchte. Als

Großmutter ihre Sprache wieder gefunden hatte, ließ sie eine lange Leiter herbeiholen und an den Baum lehnen. Die Jagd auf den Raben – eigentlich auf unseren Ohrring – hatte begonnen.

Die Leiter reichte bis an das Nest des Raben, und man glaubte, ihm dort seine Beute abjagen zu können. Doch der Rabe war klüger. So schnell wollte er sich von seinem neuen Spielzeug nicht trennen. Sobald er merkte, was um ihn herum vorging, flog er mit seiner Beute davon.

Vier Tage sahen wir ihn nicht wieder, nicht auf seinem Baum, nicht am Fenster und nicht im Garten. Großmutter war sehr traurig. Die Ohrringe waren noch ein Geschenk ihrer Mutter und sie konnte sich nur schwer mit dem Verlust abfinden.

Am fünften Tag, als wir schon alle Hoffnung aufgegeben hatten, saß der Rabe plötzlich wieder vor dem Fenster, ganz wie gewohnt – nur diesmal mit dem Ohrring im Schnabel. Er flatterte ins Zimmer, hüpfte auf den Tisch vor dem Spiegel und legte den Ohrring genau an der Stelle nieder, wo er ihn gefunden hatte. Ich war verblüfft und erleichtert.

Jeder kann sich vorstellen, was für einen Empfang ich dem Raben bereitete. Voll Freude eilte ich in den Garten und suchte zusammen mit dem Gärtner nach Ungeziefer und Würmern, von denen ich glaubte, dass der Rabe sie gerne fressen würde. Ich legte ihm diesen Festschmaus auf das Fensterbrett und er kam tatsächlich. Mit großem Appetit machte er sich über sein Fressen her. Diese Belohnung hatte er sich wirklich verdient.

Prag, wo meine Familie lebte, ist eine sehr große Stadt. Früher herrschten dort Könige und Kaiser, die zur Verschönerung ihrer Hauptstadt viele Burgen und Paläste bauen ließen. Durch die Stadt fließt die Moldau, über die sich zahlreiche Brücken spannen. Am Flussufer liegen wunderschöne Gärten und Parks und entlang der breiten Straßen stehen hohe und oft sehr alte, schöne Häuser.

Auch unser Haus war von einem herrlichen Garten umgeben. In einer Ecke stand eine Laube, die ganz von Wildrosen bedeckt war. Im Sommer spielte ich darin mit meiner Freundin Ilonka und meiner Puppe Hannah. Dann wurde die Laube zum Kinderzimmer: Hier konnten wir ungestört spielen und uns über alles unterhalten, was kleinen Mädchen wichtig ist. Nur der Winter mit seiner Kälte konnte uns ins Haus treiben, wo wir uns meist unterhalb der Treppe aufhielten, die ins obere Stockwerk führte.

Im Erdgeschoß lagen Küche, Esszimmer, Wohnzimmer und zwei glasüberdachte Terrassen, in denen Mutter Topfblumen abstellte, die sie sorgfältig pflegte. Oben gab es zwei Schlafzimmer und dort war auch das Laboratorium meines Vaters.

Mein Vater war Chemiker und hatte eine Fabrik, in der Gummi hergestellt wurde. In seinem Laboratorium zu Hause machte Vater seine Versuche. Sein Ehrgeiz war es, einen neuen Kunststoff zu entwickeln, der hart und zugleich durchsichtig wie Glas sein sollte, aber unzerbrechlich.

Einmal, als wir gerade unter der Treppe spielten, hörten wir plötzlich einen lauten Knall und all unsere Spielsachen fielen durcheinander. Unter der Labortür quoll schwarzer Rauch hervor und dann kam auch Vater zum Vorschein –

mit rußgeschwärztem Gesicht. Mutter erschrak sehr, aber meine Freundin und ich mussten laut lachen. Wir wussten, dieses Bild würden wir nie vergessen.

Hinter unserem Haus lag ein Abhang, der im Winter meist schneebedeckt war. Das war unser Schlittenhang, an dem sich nach der Schule alle Kinder unserer Straße mit ihren Schlitten einfanden. Unzählige Male rodelten wir den Hang hinab und stiegen wieder herauf. Gegen Abend kehrten wir mit windgeröteten Backen und hungrigem Magen nach Hause zurück.

Im Frühling und Sommer unternahmen wir oft Ausflüge. Manchmal fuhr ich mit Vater und Mutter in die Wälder vor Prag, wo wir Pilze und Beeren sammelten. Mein Vater kannte viele Pilze – essbare und giftige. Ich wollte immer die schönen Pilze pflücken, aber oft sind gerade das die giftigen. Immer wieder musste Vater mir erklären, wie gefährlich es ist, giftige Pilze zu essen. Doch bald lernte auch ich, zwischen essbaren und giftigen zu unterscheiden.

Von diesen Ausflügen kehrten wir meist mit vollen Körben nach Hause zurück. Boschka, die meiner Mutter im Haushalt half, reinigte die Pilze und legte sie zum Trocknen auf dem Ofen aus. Dort lagen sie meist einige Wochen, und immer wenn meine Freundin und ich uns dem Ofen näherten, erhob Boschka warnend ihre Stimme, da sie die Pilze in Gefahr glaubte.

Meine Schule lag nicht weit von unserem Haus entfernt. Der Unterricht fand auf Tschechisch statt, aber wie viele Kinder in Böhmen bin ich zweisprachig aufgewachsen. Bei uns zu Hause und mit meinen Freundinnen sprach ich mal tschechisch, mal deutsch. Ich ging gerne zur Schule und ganz besonders habe ich mich für Geschichte interessiert. Der Lehrer erzählte uns von der großen Vergangenheit der Tschechoslowakei, von berühmten Königen und Kaisern, aber auch von bösen Herrschern und Kriegen. Es hatte Könige gegeben, die ihr Volk ausbeuteten, und ich war froh, in einer Zeit zu leben, in der das Land nicht mehr von einem König regiert wurde, sondern – wie die Erwachsenen es nannten – von einem »demokratischen Parlament«.

Nichts ist wertvoller als die Freiheit des Menschen. Damals dachte ich nicht einmal im Traum daran, dass man mir die Freiheit nehmen könnte; dass man mich eines Tages versklaven würde.

Frühling 1939. Hitler und seine Soldaten besetzten die Tschechoslowakei. Ich war noch ein Kind und verstand nicht so genau, was eigentlich geschah. Meine Eltern saßen schweigend vor dem Radio. Aus dem Lautsprecher tönte eine schreiende, heisere Stimme, die uns Angst einjagte. Erst nach und nach begriff ich, dass die deutschen Besatzer neue und befremdende Gesetze erlassen hatten, die sie über das Radio verkündeten.

Von einem Tag auf den anderen durfte ich nicht mehr zur Schule gehen. Mit Beginn des neuen Schuljahres wäre ich in die fünfte Klasse aufgestiegen, doch die deutschen Besatzer hatten jüdischen Kindern den Schulbesuch verboten. Deshalb trafen wir uns, sechs jüdische Kinder aus meiner Klasse, in Privathäusern, wo uns eine Privatlehrerin unterrichtete. Auch die Lehrerin war Jüdin und deshalb aus dem Schuldienst entlassen worden. So erhielten wir unseren

Schulunterricht jeden Tag abwechselnd – immer der Reihe nach – im Hause eines der Kinder.

Auf die Straße durften wir nur mit Kleidern, auf die ein gelber Stern mit der Aufschrift »Jude« genäht war.

Was mich wunderte, war, dass Freundinnen, die früher oft mit mir gespielt hatten, nicht mehr zu mir kamen. Ich verstand nicht, warum. War es die schreiende Stimme aus dem Radio, die sie davon abhielt, mich zu besuchen? Was war so schlimm daran, dass ich Jüdin war? In der Eisdiele, wo ich mir oft eine Portion Eis gekauft hatte, war jetzt ein Schild angebracht: »Juden und Hunden ist der Eintritt verboten!«

Ich spürte, wie sich unser Leben zum Schlechten hin änderte. Auch Mutter und Vater lachten nicht mehr so wie früher.

Um diese Zeit führten die chemischen Experimente meines Vaters zu einem Erfolg: Die Herstellung eines neuen Kunststoffes war ihm gelungen. Bevor er seine neue Erfindung offiziell anmeldete, stellte er einige Gegenstände aus Kunstharz her. Unter diesen Musterexemplaren war eine schöne Puderdose für Mutter und eine Zigarrenkiste, die er seinem besten Freund schenkte, mit dem zusammen er beim Militär gedient hatte. Nun bat Vater um einen Termin beim Prager Patentamt, wo ein Ausschuss von Chemie-Experten seine Erfindung akzeptierte und bestätigte. An diesem Tag kehrte Vater sehr glücklich nach Hause zurück. Leider dauerte diese Freude nicht lange. Die neuen Gesetze der deutschen Besatzer verboten es Juden, auf eigenen Namen Patente anzumelden. So war mein Vater gezwungen, seine Urheberrechte einem tschechischen Kollegen zu übertragen, der nicht Jude war. Dieser erhielt für die Erfin-

13

dung sogar einen Preis, den eigentlich mein Vater hätte bekommen müssen.

Ich erinnere mich nicht daran, dass sich mein Vater während dieser schweren Zeit je beklagt hätte. Immer fand er irgendeinen Lichtstrahl, der die Finsternis um uns herum ein wenig aufhellte. Immer wieder gelang es ihm, uns alle davon zu überzeugen, dass die Lage so schlimm nun auch nicht sei und dass wir nur »noch etwas länger durchhalten« müssten, bis »das Ungeheuer besiegt« wäre. Mit dem Ungeheuer war Hitler gemeint. Und um uns Mut zu machen, fügte Vater jedes Mal hinzu: »Es wird schon noch gut werden!«

Aber diese Hoffnung trog. Eines Abends im Dezember 1941 – zwei Monate nach meinem Geburtstag – hörten wir an unserer Tür ein lautes Klopfen …

Vor der Tür standen deutsche Polizisten, die uns mitteilten, dass wir unverzüglich nach Theresienstadt[*] gebracht werden sollten, eine Stadt nördlich von Prag, die die Nazideutschen zum Ghetto[**] gemacht hatten.

Man befahl uns, am nächsten Morgen die Wohnung zu verlassen. Jeder von uns durfte nur einen kleinen Koffer

---

[*] Theresienstadt: Von 1941 bis 1945 deutsches Konzentrationslager in Nordböhmen. Die ersten Deportierten, Juden aus Prag, kamen im November 1941 an. In den folgenden Jahren wurden etwa 200 000 Juden dort interniert. Die Nationalsozialisten und in der Folge auch die Insassen, bezeichneten das Lager als »Ghetto«. Theresienstadt ist mit keinem anderen Konzentrationslager vergleichbar, da es von den Deutschen als »Musterlager« zur Täuschung der ausländischen Öffentlichkeit konzipiert war. – Weitere Hinweise zum Sonderstatus von Theresienstadt im Nachwort.

[**] Ghetto: Ursprünglich Bezeichnung für ein in sich geschlossenes, jüdisches Wohnviertel. In den von Nazideutschland besetzten Ostgebieten wurden ganze Stadtviertel von einer Mauer oder mit Stacheldraht umgeben und große Zahlen jüdischer Bürger darin auf engstem Raum interniert.

mitnehmen. In meinen Koffer packte ich die Kleider, die ich besonders gern anzog, und in eine kleine Tasche steckte ich die Puppe Hannah, einige Bleistifte und mein Tagebuch. So kamen wir zur Sammelstelle.

Am folgenden Morgen blickte ich noch einmal auf all die Sachen, die wir zurücklassen mussten: Betten, Decken, Bilder, Porzellan und die vielen Spielsachen. Wer wird wohl von jetzt an in meinem Bett schlafen? Wer wird sich in meine warme Decke kuscheln? Wen wird der Clown an der Wand jetzt anlachen? Meine Spielecke, meine Bücher … Es war so traurig, das alles zu verlassen und weggehen zu müssen.

Was war denn geschehen? Ich verstand nicht, warum so etwas sein konnte. Wann würden wir zurückkommen?

Wir gingen die Straße hinunter und die Leute schauten uns nach. Ich schämte mich. In diesem Augenblick spürte ich großen Schmerz in meinem Herzen und einen schrecklichen Zorn.

Wir wurden zur Sammelstation gebracht, die sich in einem großen Gebäude befand. Zusammen waren dort fast tausend Menschen. Hier blieben wir einige Tage – wie lange genau, das weiß ich nicht mehr. Ich erinnere mich aber noch an einen kleinen Jungen, dessen Benehmen mir ziemlich dumm vorkam. Er weinte fast ununterbrochen und verlangte von seiner Mutter Gebäck, wie er es von zu Hause gewohnt war.

Da merkte ich, dass wir nun Menschen ohne Zuhause waren. »Zuhause« war nur noch eine schöne Erinnerung.

Vor dem Verlassen der Sammelstation, bevor wir zum Bahnhof gingen, gab man jedem von uns eine Nummer, die uns von da an ständig begleitete. Mein Vater erhielt die Nummer 641, Mutter die Nummer 642 und ich die Nummer 643.

Von nun an hatten wir keinen Namen mehr. Von nun an waren wir nur noch – Nummern.

Der Zug setzte sich in Bewegung. Im Abteil herrschte bedrückende Stille. Jeder hing seinen eigenen Gedanken nach. Ich blickte aus dem Fenster und sah schneebedeckte Bäume und kleine Häuser. Ich fühlte Neid auf die Bäume, die am Zug vorbeiflogen – und auf die Menschen, die unbehelligt in den kleinen Häusern wohnten.

Nach einigen Stunden hielt der Zug am Bahnhof von Bauschowitz, einer kleinen Ortschaft, die drei Kilometer von Theresienstadt entfernt liegt. Wir stiegen aus, und die deutschen Soldaten, die den Zug bewacht hatten, befahlen uns, uns in Reihen aufzustellen. Dann trieb man uns durch tiefen Schnee querfeldein dem Ghetto entgegen. Jeder von uns trug seinen Koffer. Der Weg fiel uns allen schwer. Als Vater sah, wie ich mich abmühte, versuchte er, mich zu stützen.

Ich glaube, es ging mir wie den vielen anderen Kindern, die mit uns zogen: Wir fühlten, dass unsere Eltern in bitterer Not waren und sich große Sorgen machten. Es wurde uns bewusst, dass wir unversehens älter und reifer geworden waren. Kein Mensch würde uns helfen können. Von jetzt an würden wir uns um uns selbst kümmern müssen, um es den Eltern leichter zu machen.

Wir erreichten den Ort Theresienstadt, der von hohen Mauern und Wällen umgeben war. Diese Stadt war um 1790 erbaut worden und diente als Garnisonsstadt für die österreichische, später für die tschechische Armee. Neben wuchtigen Kasernengebäuden für die Soldaten standen auch kleinere Häuser, in denen die Bürger wohnten, die für die Armee arbeiteten. Als wir ankamen, gab es in der Stadt keine Soldaten und keine Bürger mehr. Hier lebten nur Gefangene, Juden wie wir, die man aus Prag und Umgebung hierher deportiert hatte.

Meine Eltern und ich wurden in ein riesiges Gebäude mit drei Innenhöfen gebracht. In einem dieser Höfe geschah etwas Furchtbares: Deutsche Soldaten, die schwarze Uniformen trugen, trennten Frauen und Kinder von den Männern. Plötzlich war mein Vater nicht mehr bei uns. Für mich war das wie »ein kleiner Tod«, aber Mutter tröstete mich, indem sie sagte, wir würden ihn bald wieder sehen.

Alles hier war so fremd und bedrückend. Mutter und ich wohnten mit vielen anderen Frauen und Kindern zusammen in einer der ehemaligen Kasernen. Unser ganzer »Besitz« bestand aus einer Matratze und dem Koffer, den wir von zu Hause hatten mitnehmen dürfen. Bei uns im Zimmer wohnte auch ein Junge meines Alters, der in seinen Taschen ein paar Murmeln mitgebracht hatte. Oft wussten wir nicht, was wir tun sollten, dann setzten wir uns auf eine Matratze und fingen an zu spielen.

Dreimal täglich erhielten wir unsere Mahlzeiten. Das Essen wurde für alle Bewohner unseres Hauses in einer großen Küche gekocht. Wir mussten uns zur Essensausgabe in langen Reihen hintereinander aufstellen. Mit unserem Essgeschirr in der Hand bewegten wir uns langsam, einer nach dem anderen, auf das Küchenfenster zu. Dort erhielt jeder, wenn die Reihe an ihm war, seine Ration: morgens eine Tasse wässrigen Ersatzkaffee und eine Scheibe Brot; mittags einen Teller trüber Suppe und Kartoffeln, die man in einer ekelerregenden Soße gekocht hatte; abends gab es noch einmal ein undefinierbares Getränk. Ganz selten erhielten wir »Kuchen«; der bestand aus Mehl, Wasser und Hefe und hatte die Form eines kleinen Ziegelsteins – so nannten wir ihn denn auch. Er war mit einer Creme aus Margarine, Zucker und ein wenig Kakao bestrichen. Um eine größere Menge Creme zu erhalten, verdünnten die Köche diese Mischung mit immer mehr Wasser; an manchen Tagen war sie richtig durchsichtig. Wir Kinder aber kämpften um jeden Tropfen und jeden Krümel.

Oft überkam uns plötzlich eine Lust auf »etwas Gutes«. Nur schwer konnten wir uns an das schlechte Essen gewöhnen, das so ganz anders war als das Essen zu Hause. Die wenigen Nahrungsmittel, die wir mitgebracht hatten, waren bald aufgebraucht. So waren wir denn gezwungen, uns mit der mageren Ration zu begnügen.

An einem dieser schweren Tage erschien ganz plötzlich Vater: Die Ghetto-Kommandantur hatte den Männern einen Besuch bei ihren Familien erlaubt. Da erst erfuhren wir, dass auch Vater im Ghetto wohnte, aber in einem anderen Gebäude als wir. Meine Erleichterung, ihn in meiner Nähe zu wissen, war sehr groß.

Vater war für die Lebensmittelverteilung zuständig. Wir hofften sehr, dass diese verantwortliche Funktion uns Vorteile bringen würde, vor allem, dass wir vielleicht bald wieder zusammen wohnen könnten. So geschah es denn auch.

Ohne dass wir den genauen Grund erfuhren, erlaubte die Ghetto-Kommandantur eines Tages, dass Vater, Mutter und ich in eine kleine Dachmansarde ziehen durften. Aus Kisten bastelten wir uns Möbelstücke, sogar Betten und einen kleinen Ofen konnten wir uns verschaffen. Auf diesem Ofen konnte Mutter bescheidene Mahlzeiten kochen. Im Winter wärmte er das Zimmer.

Im Vergleich zu all dem Leiden, das uns später noch erwartete, sollten wir in diesem kleinen Zimmer drei glückliche Jahre verbringen.

Viele der Eingesperrten, Kinder wie Erwachsene, gewöhnten sich langsam an das Leben im Ghetto. Jeder fand sich darin auf eigene Art zurecht. Täglich mussten alle, auch wir Kinder, zur Arbeit gehen. Anschließend wollten wir, wie alle Kinder auf der Welt, spielen. Und wir spielten tatsächlich – aber nicht so, wie Kinder es unter gewöhnlichen Umständen tun. Ganz gleich, was wir spielten, wir waren immer ganz freudig und leidenschaftlich bei der Sache, denn das Spielen war die einzige wirkliche Ablenkung von unserer Situation.

Unter den Ghetto-Bewohnern gab es viele Juden, die vor ihrer Vertreibung Schauspieler, Komponisten, Sänger, Schriftsteller und Philosophen gewesen waren. Die meisten von ihnen waren sogar weit über die Grenzen der Tschechoslowakei berühmt. Doch mit ihrer Vertreibung war ihre Welt plötzlich auf das kleine Ghetto zusammengeschrumpft. Sie waren Gefangene wie wir alle und statt ihres berühmten Namens trugen sie jetzt eine Nummer; doch blieb ihr Geist wie durch ein Wunder ungebrochen. Nur ihre Körper konnte man einsperren, nicht jedoch ihre schöpferische Kraft. Sie setzten ihre künstlerische Tätigkeit auch unter den schweren und beengten Ghetto-Bedingungen fort, malten, schrieben, sangen, komponierten und spielten Theater.[*]

Einer dieser Künstler sammelte eine Gruppe von etwa hundert Kindern um sich, denen er Schauspielunterricht erteilte. Aus dieser Gruppe wurde ein richtiges Ensemble zusammengestellt, das Theresienstädter Kindertheater. Nach der Arbeit probten wir, und eines der Stücke, das wir einstudierten, hieß »Brundibár«.

Das Stück handelt von zwei Kindern, Bruder und Schwester, namens Pepiček und Aninka, deren Mutter schwer krank ist. Sie wollen Milch beschaffen, die die Mutter zu ihrer Stärkung braucht. Zuerst bitten sie den Milchmann auf dem Marktplatz um etwas Milch. Da sie jedoch nicht bezahlen können, erhalten sie nichts. Da kommt ein Leierkastenmann, Brundibár, auf den Marktplatz. Er spielt Lieder auf seiner Drehorgel und die Leute geben ihm Almosen. Aninka und Pepiček beschließen, auf dem Marktplatz zu singen, in der Hoffnung, sich auf diese Weise etwas Geld zu verdienen. Damit wollen sie dann die Milch für die Mutter kaufen. Mit ihren dünnen Stimmen kommen sie jedoch nicht gegen die laute Drehorgel an. Brundibár, der sie aus dem Weg haben will, vertreibt sie vom Marktplatz. Müde und traurig machen sich Aninka und Pepiček auf den Heimweg. Unterwegs ruhen sie sich auf einer Bank aus und überlegen, wie dem bösen Brundibár beizukommen wäre.

[*] Auch in anderen Konzentrationslagern waren Künstler und Intellektuelle interniert, dort jedoch war künstlerische Betätigung fast durchweg bei Strafe verboten. Nur im »Musterlager« Theresienstadt duldete und förderte die Lagerleitung so genannte »Freizeitgestaltung«. Näheres hierzu im Nachwort.

Ähnlich war auch unsere Lage im Ghetto Theresienstadt: Die Eingesperrten konnten gegen »Brundibár«, den deutschen Unterdrücker, nichts ausrichten.

Die Geschwister bitten die Tiere um Hilfe. Der Hund, die Katze und der Vogel helfen ihnen gerne. Sie wenden sich an die Schulkinder und so wird ein großer Chor zusammengestellt. Dieser singt öffentlich ein wunderschönes Wiegenlied, das von einer Mutter und ihrem Kind handelt. Zusammen übertönen die Kinder den Leierkasten. Den Menschen auf dem Marktplatz gefällt das Lied so gut, dass sie den Sängern reichlich Geld spenden. Heimlich stiehlt Brundibár das Geld und versucht damit zu entkommen. Aninka und Pepiček, die Tiere und alle Kinder verfolgen ihn und nehmen ihm seine Beute wieder ab. Die Geschwister erhalten ihr Geld zurück, und der Chor singt ein Lied vom Sieg des Guten über das Böse.

Im Ghetto hatte dieses Stück großen Erfolg, es wurde über fünfzigmal aufgeführt.[*] Von all meinen Freunden und Freundinnen, die wie ich selbst mitsangen, überlebten nur vier – alle anderen wurden in Auschwitz ermordet.

Jeden Tag zogen wir Kinder zur Arbeit auf die Felder in der Umgebung von Theresienstadt. Wir verwandelten Erdwälle und Böschungen in Obst- und Gemüsegärten – doch die Früchte unserer Arbeit verzehrten die deutschen Besatzer allein. Jeden Morgen kamen alle Kinder an einem bestimm-

---

[*] Die Oper »Brundibár« von Hans Krása war schon kurz vor Beginn des Zweiten Weltkriegs im jüdischen Waisenhaus in Prag uraufgeführt worden. Der Dirigent Rafael Schächter erhielt die Erlaubnis, sie in Theresienstadt einzustudieren. In Auszügen wurde sie ausländischen Inspektoren vorgeführt. So gelang es der Lagerleitung, eine scheinbare Liberalität vorzuspiegeln.

ten Treffpunkt zusammen, stellten sich in Gruppen auf und marschierten singend durch das Ghetto-Tor. An der Spitze einer jeden Gruppe stand ein Junge oder Mädchen aus der Gruppe der älteren Kinder. Dieser »Gruppenälteste« besaß für die ihm Anvertrauten eine Arbeitserlaubnis von der Ghetto-Kommandantur. Nur mit einer solchen Arbeitserlaubnis durften wir das Ghetto-Gelände verlassen, um auf den Feldern zu arbeiten.

Während der Arbeitsstunden standen wir nahe beieinander, größere und kleinere Kinder. Die Ältesten unter uns, die vor dem Krieg schon auf dem Gymnasium gewesen waren, brachten uns während der Arbeit etwas von dem bei, was sie auf der Schule gelernt hatten. So hörte ich zwischen den Gemüsebeeten zum ersten Mal von Shakespeares Dramen oder von der Französischen Revolution. Auf diese Art lernte ich wenigstens ein bisschen von dem, was andere Kinder, die nicht vertrieben worden waren, im normalen Schulunterricht lernten.

Eines Tages wurde uns ein freundlicher Gruppenältester zugeteilt. Auf unserem Weg zu den Feldern kamen wir an einem Kirschbaum vorbei, der voller Kirschen hing. Im Ghetto gab es weder Obst noch Gemüse. Reife Kirschen waren für uns eine einmalige Delikatesse. Unser Gruppenältester erlaubte uns, so viele Kirschen zu essen, wie wir wollten. Doch verbot er uns, welche mitzunehmen. Am Ghetto-Tor führten nämlich die Aufseher nach jedem Arbeitstag stichprobenartig eine Leibesvisitation durch, um zu verhindern, dass wir Nahrungsmittel ins Ghetto schmuggelten.

Wurde jemand beim Schmuggeln gefasst, drohten ihm

strenge Strafen: Prügel, Einzelhaft oder Schlimmeres. Dabei hatte jeder von uns Familienangehörige im Ghetto, die keine Möglichkeit besaßen, sich mit zusätzlicher Nahrung von draußen zu versorgen. Später erst fanden wir verschiedene Tricks heraus, die es uns ermöglichten, ein wenig Gemüse für unsere Familien ins Ghetto zu schmuggeln.

An jenem Tag waren wir jedoch gehorsam und versuchten nicht, Kirschen mitzunehmen. Es war allein der Gruppenälteste, der der Versuchung nicht widerstehen konnte. Seine Mutter liebte Kirschen sehr; deshalb verbarg er eine Handvoll unauffällig in einem großen Tuch, knotete es zusammen und hängte es sich über den Rücken. Tuch und Obst verdeckte er mit seinem Mantel.

Auf dem Rückweg ins Ghetto bemerkten wir plötzlich auf seinem Rücken einen roten Flecken. Zuerst erschraken wir und dachten, es sei Blut; dann aber verstanden wir, dass Kirschensaft durchgesickert war. Der Gruppenälteste wurde ganz verlegen, als er sich von uns ertappt sah. Jedoch konnte er die Kirschen nicht mehr loswerden, da wir schon ganz nah beim Tor angekommen waren. Als wir hindurchmarschierten, ging er zunächst so, dass sein Rücken uns zugewandt war, so dass die Aufseher den Fleck nicht sehen konnten. Von uns gedeckt, drehte und wendete er sich, bis wir im Ghetto angekommen waren und die Gefahr vorüber war. Wir hatten unser Bestes getan, um den Gruppenältesten zu decken, und waren froh, dass es uns gelungen war, die Nazideutschen wenigstens einmal zu überlisten. Und die Mutter unseres Gruppenältesten kam auf diese Weise doch noch zu ihren Kirschen.

In der Umgebung von Theresienstadt gab es große Spinatfelder. Im Winter guckten in langen Reihen die grünen Spitzen durch die weiße Schneedecke. Eines Tages schickte man uns aus, Spinat zu ernten. Dieser war nur für die Deutschen bestimmt. Mit dem Messer schnitten wir den Spinat ab und verpackten ihn in Kisten.

Obwohl wir vor dem Krieg Spinat nicht gerade gern gegessen hatten, war unter den Ghetto-Bedingungen unsere Abneigung verschwunden. Jeder von uns wollte heimlich etwas davon mitnehmen. Weil es kalt war, trugen wir über unseren Trainingsanzügen noch weite Arbeitshosen mit breiten Trägern. Wir versteckten unseren Spinat in den Hosen des Trainingsanzugs. Dort taute er durch die Körperwärme auf, und das Schmelzwasser rann uns die Beine hinunter. Das kitzelte nicht nur, sondern war auch noch unangenehm kalt. Aber Hauptsache, der Spinat kam unentdeckt ins Ghetto, um den mageren Speisezettel unserer Familien etwas anzureichern.

Ich hatte zwei gute Freunde in Theresienstadt, einen Jungen und ein Mädchen, die im selben Kasernenblock wohnten wie meine Eltern und ich. Gemeinsam hatten wir ein Buch[*] über drei mutige Kinder gelesen, die wir uns zu Vorbildern erkoren. Nicht weit von unseren Zimmern führte eine lange Treppe in einen dunklen Keller. Neugierig wie wir waren, wollten wir wissen, was sich in diesem Keller

---

[*] Bis zum November 1942 war den Häftlingen im »Musterlager« Theresienstadt der Privatbesitz von Büchern erlaubt. Von da an wurden alle Bücher in der »Ghettobücherei« zusammengefasst, die in der Spätzeit des Lagers etwa 200 000 Bände enthielt. Ausländische Besucher sollten den Eindruck bekommen, dass die Häftlinge mit allen erdenklichen Bildungsmöglichkeiten versorgt seien.

verbarg. Eines Tages beschlossen wir, uns abends an der Treppe einzufinden, um das Geheimnis des Kellers zu ergründen.

Zuerst stieg ich allein die Treppe hinab. Mit jeder Stufe wurde es dunkler um mich herum. Das Herz klopfte mir bis zum Hals, aber ich wollte mutig sein wie die Helden im Buch und gegen meine Angst ankämpfen. Nach etwa zwanzig oder dreißig Stufen huschte plötzlich ein dunkler Schatten über den Boden. Ein merkwürdiges Geräusch war zu hören, und Hals über Kopf rannte ich nach oben zurück. Genauso erging es den beiden anderen. Auch sie stiegen einzeln hinunter, machten aber sofort kehrt, als sie das Geräusch hörten und den huschenden Schatten sahen.

Wir beschlossen, den Weg noch einmal gemeinsam zu wagen, um die Gefahr vereint zu bekämpfen. Hand in Hand schlichen wir die Treppe hinunter. Je tiefer wir hinabstiegen, um so lauter wurde das seltsame Geräusch. Wir blieben stehen, wussten aber, dass wir diese Gefahr überwinden mussten, um später auch größeren Gefahren gewachsen zu sein. Zögernd stiegen wir weiter hinab.

An der untersten Treppenstufe erwartete uns eine große Überraschung: Wir standen in einem Kartoffelkeller. Die »Schatten« waren Ratten, die hin und her liefen und dabei merkwürdige Töne von sich gaben. Erleichtert und laut lachend gingen wir die Treppe wieder hinauf mit dem Gefühl, eine Heldentat vollbracht zu haben. Von da an stiegen wir noch oft dort hinunter. Der Kartoffelkeller selbst war zwar mit einem Eisengitter verschlossen; doch gelang es uns trotzdem immer wieder, einige Kartoffeln zu »angeln«.

Die Nazideutschen betrogen nicht nur uns, sondern die ganze Welt. Eines Tages verbreitete sich im Ghetto die Nachricht, dass ein hoher Vertreter des Roten Kreuzes, der schwedische Graf Bernadotte, dem Ghetto einen Besuch abstatten würde. Um den Besucher und seine Begleiter, die die Zustände im Ghetto überprüfen wollten, zu täuschen, wurde das äußere Bild der Stadt bis zur Unkenntlichkeit verändert.

In kürzester Zeit ließ die Kommandantur die Hausfassaden frisch streichen und die Straßen gründlich reinigen. Um Eindruck zu schinden, wurden für die Zeit des Besuches »Geschäfte« eingerichtet. Diese bestanden jedoch nur aus Schaufenstern, in denen einige Luxuswaren wie Senf, Gewürze, Nähgarn, Kämme, Haarspangen und anderes auslagen. Auf diese Weise wollte man bei den Besuchern den Eindruck erwecken, das Leben im Ghetto verlaufe ganz normal.

An den Straßenecken mussten sich Kinder in ihren besten Kleidern aufstellen. Jedes Kind erhielt ein Butterbrot mit Sardinen. Wenn der Gast in Begleitung des Ghetto-Kommandanten Rahm vorbeikam, mussten die Kinder vortreten und nörgelnd fragen: »Onkel Rahm, schon wieder Sardinen?« Das war natürlich alles gestellt und sollte bei den Besuchern den Eindruck erwecken, wir bekämen so oft Sardinenbrote, dass sie uns schon nicht mehr schmeckten.

Graf Bernadotte ließ sich tatsächlich hinters Licht führen und veröffentlichte einen Bericht über seinen Besuch, in dem er feststellte, dass die Zustände im Ghetto so schlimm nicht seien. In aller Welt wurde diese falsche Aussage offiziell verbreitet, die im Gegensatz zu all den Gerüchten über die Grausamkeiten in den Ghettos und Lagern stand. Von da an glaubten viele im Ausland, dass es sich in den Konzentrationslagern der Nazis doch ganz gut leben ließe, und machten sich keine Sorgen mehr um uns.

(Wenn in meiner Familie heute einmal eine Speise mehrmals nacheinander auf den Tisch kommt, sagt meist jemand scherzend: »Onkel Rahm, schon wieder Sardinen?«)

Unter den Erwachsenen, aber auch unter uns Kindern wurde oft über Gott gesprochen: »Gibt es ihn überhaupt? Sieht er, was man uns antut? Warum hilft er uns nicht?« Einige dachten, Gott wolle uns prüfen, und einige meinten, dass es noch schlimmer kommen müsse, bevor Gott rettend eingreifen könne.

In mein kleines Tagebuch schrieb ich jeden Abend meine Erlebnisse und auch solche Gespräche nieder. In meiner Phantasie war ich dann manchmal wieder nach Hause, nach Prag, zurückgekehrt, saß auf meinem Bett, in der Hand eine große Scheibe Brot, die mit Mutters hausgemachter Marmelade bestrichen war, und las in meinen »Theresienstädter Erinnerungen«.

So vergingen einige Jahre unter Arbeit, Gesprächen, Phantasien und Leiden. Sommer und Winter zogen ins Land. Im Sommer waren wir uns sicher, dass der Krieg im Winter sein Ende finden würde, und im Winter hofften wir, der Sommer werde den Frieden bringen. Dann würden wir doch sicher wieder nach Hause zurückkehren können!

Es kam das Jahr 1944. Immer wieder erreichten Güterzüge mit Tausenden von Menschen das Lager Theresienstadt. Die meisten Leute waren in erbärmlichem Zustand. Nach einiger Zeit wurden sie an unbekannte Ziele weitertransportiert. Auch viele der »alteingesessenen Theresienstädter« wurden diesen Transporten zugeteilt. Niemand wusste, was ihn erwartete, aber wir befürchteten das Schlimmste und lebten in ständiger Angst.

Im Oktober, kurz nach meinem vierzehnten Geburtstag, wurde auch Vater einem Transport zugeteilt. Die Kommandantur sagte, die Männer würden weggeschickt, um ein neues Lager zu errichten. Frauen und Kinder würden später nachgeschickt werden. Uns blieb nichts anderes übrig, als diesen Worten zu glauben.

An einem Tag im Spätherbst begleiteten wir Vater zum Bahnhof. Der Zug fuhr ab, seinem unbekannten Ziel entgegen. Wir winkten zum Abschied mit unseren Kopftüchern. Mutters Gesicht war von Trauer und Sorge überschattet. Was ich weder wusste noch ahnte: Ich sah meinen Vater zum letzten Mal.

Nach einigen Wochen »erlaubte« uns die Ghetto-Kommandantur, den Männern nachzureisen. Mutter beeilte sich, uns für die Reise einschreiben zu lassen. Mit uns meldeten sich freiwillig viele andere Frauen und Kinder für diesen Transport. Wir wurden angenommen und hofften jetzt auf ein baldiges Wiedersehen mit Vater.

Drei Tage fuhren wir ununterbrochen mit der Eisenbahn, eng zusammengepfercht in Güterwaggons und ohne auch nur ein einziges Mal hinaus zu dürfen. Nachts verbrachten wir lange Stunden auf Nebengeleisen und warteten darauf, dass der Zug seine Fahrt fortsetzen könnte. Mutter stand mit mir an der Fensterluke des Güterwaggons und wir blickten zu den Sternen hinauf. Mutter brachte mir die Namen der Sterne bei und zeigte mir den »Großen Wagen«. Dies waren stille Augenblicke – die letzten vor unserer Ankunft in Auschwitz.

Als der Güterzug vor dem Eingang des Lagers hielt, wurden sofort die Türen aufgerissen. Leute in Uniform schrien: »Schnell, schnell, raus! Koffer im Waggon lassen!«

In meinem kleinen Koffer lag mein Tagebuch und eine kleine Tafel Schokolade, die mir ein gutherziger tschechischer Polizist im Ghetto zugesteckt hatte. Diese Schokolade wollte ich Vater schenken. Ein großes Durcheinander entstand. Ich versuchte, die Schokolade aus dem Koffer zu retten, hatte jedoch keine Zeit mehr dazu. Die uniformierten Wachposten fielen wie Wahnsinnige über uns her, stießen mit ihren Gewehrkolben in die Menge und traten mit ihren Stiefeln um sich. Eine lähmende Angst befiel mich. Draußen stellte man uns in Reihen auf. In meiner Angst hielt ich Mutters Hände fest umklammert.

Plötzlich stand Mutters Freundin Julia neben uns. Sie war schon einige Wochen vor uns nach Auschwitz geschickt worden. Sie ergriff mich und zog mich in eine der hinteren Reihen, einige Meter von Mutter entfernt. Sie legte den Finger auf ihre Lippen und flüsterte mir zu, ich solle mich älter stellen, als ich sei. Nach dem Alter befragt, solle ich sagen, ich sei achtzehn. Und schon sah ich Julia wieder neben meiner Mutter stehen, der sie etwas ins Ohr flüsterte, bevor sie wieder verschwand. Später erfuhr ich, dass die

SS-Leute sofort nach Ankunft eines Transports die Kinder von den Eltern trennten. Kinder hatten keine Aussicht, am Leben zu bleiben. Ich tat, was Julia mir geraten hatte; insofern hat sie zur Rettung meines Lebens beigetragen.

Wir mussten uns ausziehen und man schor uns die Köpfe kahl. Jemand reichte uns Sträflingskleider und dann führte man uns über einen schlammigen Weg auf die langen Barackenreihen zu. Aus großen Schornsteinen quoll schwarzer Rauch. Wir fragten Häftlinge, die schon vor uns nach Auschwitz gekommen waren, nach diesen Schornsteinen. Ein bitteres Lächeln war die Antwort. Auf die Frage nach dem Verbleib der Männer, die vor einigen Wochen von Theresienstadt nach Auschwitz geschickt worden waren, deutete man nur mit einer kurzen Handbewegung in die Richtung der Schornsteine. Dies waren die Schornsteine der Krematorien, die neben den Vernichtungskammern von Auschwitz standen – auch der letzte Weg meines Vaters hatte hier geendet.

In den ersten Tagen im Lager Auschwitz wurden wir in Arbeitsgruppen aufgeteilt. Einige Zeit mussten wir tagtäglich Panzergräben ausheben. Wir litten unter der eisigen Kälte – ohne Schuhe und nur mit einer dünnen Jacke und Hose bekleidet. Und zu essen gab es noch viel weniger als an den schlechtesten Tagen in Theresienstadt. Anfangs fiel es mir schwer zu glauben, dass diese Hölle Wirklichkeit war, die Wirklichkeit, in der wir leben mussten.

Nach sechs Wochen unsäglichen Leidens mussten wir eines Tages in Reih und Glied vor den Baracken antreten. Vor uns trat der berüchtigte Lagerarzt Dr. Mengele. Er warf einen kurzen Blick auf die einzelnen Häftlinge, um dann mit einer leichten Handbewegung unser Schicksal zu entscheiden: Die einen sandte er nach links, die andern nach rechts – die einen in die Sklaverei, die andern in den Tod.

Nach dieser »Selektion« erklärte man uns, dass wir zur Arbeit außerhalb des Lagers eingesetzt werden sollten. Wieder schöpften wir Hoffnung. Vor unserem Abtransport teilte man uns Kleider und Schuhe aus. Ich hatte dabei kein Glück, denn ich ergatterte nur zwei linke Schuhe. Naiv wie ich war, wollte ich mich dem Schuhhaufen ein zweites Mal nähern, um einen der Schuhe auszuwechseln. Plötzlich fühlte ich einen furchtbaren Schlag, der mich mitten ins Gesicht traf. Es war der Gewehrkolben eines SS-Mannes, der die Verteilung beaufsichtigte. Durch diesen Schlag verlor ich zwei Schneidezähne. Also musste ich meinen Weg mit zwei linken Schuhen fortsetzen.

Ein anderer Aufseher zeigte etwas Mitleid. Wie einem streunenden Hund warf er mir ein Stückchen Wurst zu, von dem er selbst schon abgebissen hatte. Schuhe und Zähne waren für einen Augenblick vergessen; ich beeilte mich, um zu meiner Mutter zu gelangen, mit der ich das bisschen Wurst teilen wollte. Aber die hungrigen Menschen um mich herum fielen über mich her, griffen nach meinem Arm, bissen mir in die Hand und leckten meine Finger ab. Krampfhaft hielt ich das letzte Stück Wurst, das mir noch verblieben war, in der Faust verborgen. Nur mit Mühe konnte ich mich befreien und meine Mutter erreichen. Die noch verbliebene Wurstpelle teilten wir uns. – Der Hunger lässt Menschen zu Wölfen werden.

Man trieb uns auf die Güterwaggons zu. Mutter bückte sich, nahm eine Hand voll Schnee und legte ihn mir, um das Blut zu stillen, auf die Zahnlücke, aus der noch immer Blut quoll.

Es verbreitete sich das Gerücht, dass die SS während der Fahrt Gas in die Waggons leiten würde, damit wir erstickten. Die Menschen tobten vor Angst. Mutter stand mit ihren beiden Freundinnen Julia und Paula und mit mir in einer Ecke des Waggons. Wahrscheinlich um mich in Sicherheit zu wiegen, versuchten die drei, den hysterischen Lärm um uns gar nicht zu beachten. Nach Stunden der Angst und des Schreckens hielt der Zug. Wie gewohnt wurden wir durch Schreie und Stöße hinausgetrieben. Man befahl uns zu marschieren. Einen ganzen Tag gingen wir, ohne zu essen oder zu trinken. Menschen fielen hin und blieben am Wegrand liegen. Niemand kümmerte sich um sie; sie wurden einfach erschossen. Am Abend erreichten wir das Arbeitslager. Es lag in einem Wald und war rundum von schneebedeckten Bäumen umgeben.

Mutter, Julia und Paula meldeten sich gleich freiwillig zur Küchenarbeit, um uns etwas Essen zu verschaffen. An diesem Abend erhielt ich auch ein Paar bessere Schuhe.

Während der nächsten Wochen hatten wir sehr hart zu arbeiten. Zu essen gab es so gut wie gar nichts und wir magerten immer mehr ab. Mir fiel es schwer, mich daran zu gewöhnen, dass meine beiden Schneidezähne fehlten. Meine Mutter versprach, nach unserer Rückkehr nach Prag mit mir zum Zahnarzt Dr. Wiener zu gehen. Mir fielen die Besuche bei unserem Zahnarzt ein. Ich hatte große Angst davor gehabt, und darum versuchte er immer, mich durch kleine Geschenke zu beruhigen. Erst jetzt, hier im Lager zwischen den Waldbäumen, verriet mir Mutter, dass sie es gewesen war, die die Geschenke in die Praxis des Zahnarztes mitgebracht hatte.

Wir wussten beide, dass für uns keine große Aussicht bestand, den Krieg zu überleben. Doch wir klammerten uns an die Hoffnung und spielten das Spiel der Selbsttäuschung. Solange es unsere Kräfte erlaubten, wollten wir uns auf keinen Fall aufgeben.

Zu Beginn des Frühlings hörten wir eines Tages fernen Kanonendonner. Es ging das Gerücht um, dass sich die Sowjetarmee nähere. Wieder schöpften wir Hoffnung – vielleicht würden wir doch noch gerettet werden!

Wenige Tage später kam abends ein schwerer Lastwagen ins Lager, auf dem Soldaten saßen. Aber es waren keine Russen, sondern SS-Männer. Alle waren bewaffnet, und jeder hielt einen großen Schäferhund an der Leine. Wir fielen in die Verzweiflung zurück.

Am nächsten Morgen vor Sonnenaufgang wurden wir aus dem Lager geführt. Es hieß, wir sollten »evakuiert« werden. In Wirklichkeit erwartete uns ein Todesmarsch.

Täglich legten wir dreißig bis vierzig Kilometer zurück. Nachts schliefen wir bei eisiger Kälte unter freiem Himmel. Wir lebten von Abfall, Gräsern und Zweigen, die wir am Straßenrand fanden. Unseren Durst stillten wir mit Schnee. Die einzige Mahlzeit des Tages erhielten wir abends: eine wäßrige Suppe und eine Scheibe Brot.

Auf diesen Märschen kamen wir durch bewohnte Ortschaften. Ich sah kleine Häuser, in denen Licht brannte. In mir aber brannte der Neid. Ich verstand nicht, dass es noch Menschen gab, die in warmen Häusern wohnten, ohne Hunger zu leiden. Wäre uns nur die Flucht in eines dieser Häuschen möglich gewesen! Aber das war ein ganz und gar aussichtsloser Traum. Die SS-Posten bewachten uns wie einen Goldschatz. Frauen, die versuchten zu fliehen, wurden von den Wachhunden gepackt und an Ort und Stelle erschossen.

Eines Abends gelangten wir völlig erschöpft in ein Lager, das nur von Frauen bewohnt war. Man sperrte uns in einen großen Raum, der nur kleine Belüftungsluken hatte. Wir saßen auf dem Boden und warteten auf unsere tägliche Scheibe Brot.

Mutter schloss die Augen, zog mich an sich und flüsterte mir zu: »Es tut mir Leid, Eva. Ich muss dich verlassen, ich kann nicht mehr ...« Sie küsste mich und sah mich mit Augen an, aus denen der Tod starrte.

Ich redete auf sie ein; ich redete, um nicht zur Kenntnis zu nehmen, dass meine Mutter gestorben war, hier neben mir, in diesem Augenblick.

Die Tür ging auf und wir erhielten unsere Brotration. Die Frau, die das Brot verteilte, warf auch Mutter eine Scheibe zu, denn die Tote sah aus, als ob sie schlief.

An diesem Abend aß ich zwei Scheiben Brot.

Der nächste Tag war für mich der anstrengendste des ganzen Marsches. Mutter war zurück geblieben und mich hatte alle Kraft verlassen. Die folgende Nacht verbrachten wir in einem Heuschober. Heu und Stroh gaben einen grässlichen Gestank von sich, versprachen aber, mich zu wärmen. Ich grub mich in eine Heumulde ein und fiel in einen Tiefschlaf.

Am nächsten Morgen nach dem Wecken marschierte die Kolonne weiter.

Niemand hatte bemerkt, dass ich noch unter dem Heu lag. In meiner Erschöpfung schlief ich den ganzen Tag hindurch, bis es wieder Nacht war. Ich erwachte durch eine Stimme, die auf Polnisch sagte: »Du bist fast tot, aber du atmest noch.«

Ich schlug die Augen auf. Ein in Lumpen gekleideter Junge hockte mit einem Becher Milch neben mir. Ich verstand gerade so viel, um zu begreifen, dass er sich an diesem Ort versteckt hielt. Schon einen ganzen Monat lang wartete er darauf, dass die Russen kämen, um ihn zu befreien.

Der Junge bot mir etwas von seiner Milch an. Ich kostete – nach so langer Zeit, in der meine Lippen keine Milch berührt hatten. Ich trank gierig von der Milch, als der Junge plötzlich wieder verschwand. Nach einigen Minuten kehrte er mit einer Zuckerrübe in der Hand zurück. Er teilte die Rübe in kleine Stücke und fütterte mich. Ich spürte, wie sich mein Körper langsam erholte.

Nachdem ich nun wieder etwas bei Kräften war, ging der Junge hinaus. Ich wartete noch eine ganze Weile, aber er kehrte nicht mehr zurück.

Hier konnte ich nicht bleiben. Auch ich musste mich auf den Weg machen. Es war eine helle Mondnacht. Der Himmel war mit Sternen übersät. Ich genoss die Weite der Felder, lauschte in die Stille der Nacht und begann zu gehen. Am Morgen bei Sonnenaufgang befand ich mich auf einer Lichtung voller Blumen. ›Der Frühling ist da!‹, dachte ich und pflückte einen Blumenstrauß.

Dann schritt ich weiter, aufs Geratewohl, bis ich an Eisenbahngeleise kam. Ich ging die Schienen entlang, weil ich mir sagte, dass sie irgendwann zu einem Dorf oder einer Stadt führen mussten. Die Sonne schien warm und ich wurde bald müde. Ich legte mich neben den Schienen nieder und schlief ein. Plötzlich wachte ich auf: Zu meinem großen Schrecken sah ich einen deutschen Soldaten, der sich über mich beugte und den mein Aussehen sehr zu verwundern schien. Ich trug Häftlingskleidung, war abgemagert und kahlköpfig, und neben mir lag ein Strauß Feldblumen.

Ich erklärte ihm, woher ich kam, und er berichtete mir, dass er von der Armee desertiert war. Ich merkte, dass er mir nichts Böses antun würde, und vergaß meine Angst. Er setzte sich neben mich und nahm aus seinem Tornister Brot und eine Feldflasche mit Kaffee. Wir aßen zusammen. Von ihm erfuhr ich, dass die Deutschen die letzten Schlachten verloren hatten und dass der Krieg bald zu Ende sein würde. Er war vom Heer geflüchtet und suchte eine Gelegenheit, seine Uniform loszuwerden, die er tief vergraben wollte. Alles, was an Krieg erinnerte, wollte er abwerfen.

Schon lange hatte ich fast ohne Zeitbewusstsein gelebt, nur immer von einem Tag zum andern. Nun erfuhr ich von dem deutschen Soldaten, dass wir April hatten, April 1945. Das Jahr, in dem der Krieg zu Ende gehen würde und ich hoffentlich nach Prag zurückkehren könnte. Wir wünschten uns gegenseitig alles Gute. Dann ging jeder seines Weges.

Ich lief weiter in Richtung tschechoslowakische Grenze. Gegen Abend kamen zwei tschechische Jungen an mir vorüber, die mich verwundert anstarrten. Ich muss wie ein wandelndes Skelett ausgesehen haben. Meine Hand- und

Fußgelenke glichen Streichhölzern. Sie wollten wissen, woher ich käme. Als ich ihnen einiges von meinen Erlebnissen erzählte, schüttelten sie ungläubig den Kopf. Sie dachten wohl, ich hätte alles nur erfunden.

Nachts schlief ich unter freiem Himmel, am Tag marschierte ich weiter, bis ich zu einem Wald gelangte, in dem eine verlassene Hütte stand. Ich ging langsam auf die Hütte zu, als plötzlich jemand schrie: »Halt – stehen bleiben!«

Vor mir stand ein deutscher Soldat, das Gewehr im Anschlag. Er fragte, was ich hier zu suchen hätte. Vor Schreck war ich wie gelähmt. Ich erklärte ihm, ich sei hinter meiner Kolonne zurück geblieben und wolle mich dieser wieder anschließen. Er lachte nur spöttisch, lud durch und legte an.

In diesem Augenblick kam ein zweiter Soldat aus der Hütte heraus, legte dem ersten die Hand auf die Schulter und sagte: »Schade um die Kugel, lass sie doch laufen, die krepiert von allein …«

Voller Angst, dass sie es sich doch noch anders überlegen könnten, rannte ich fort.

Ich erreichte einen Fluss, an dessen gegenüberliegendem Ufer ein Dorf lag. Dort hoffte ich Unterschlupf zu finden. Aber wie überquert man einen Fluss, der sehr tief zu sein scheint? Ich suchte mir einen langen Ast, mit dem ich die Wassertiefe prüfte. Nach einigen Versuchen fand ich eine seichte Stelle.

Das erste Haus, an dessen Tür ich klopfte, war das größte Gebäude im Dorf. Als niemand antwortete, öffnete ich vorsichtig die Tür. In dem kleinen Flur stand eine ganze Reihe blank geputzter Stiefel, wie die deutschen Soldaten sie trugen. Ich schloss nicht einmal mehr die Tür hinter mir, sondern rannte so schnell ich konnte auf die offenen Felder zu. Dort wurde ich ohnmächtig und fiel zu Boden.

Als ich die Augen öffnete, glaubte ich zu träumen: Ich lag in einem Bett, mit einem Nachthemd bekleidet. Ein Mann und eine Frau, beide fremd, standen neben meinem Bett. Der Mann – die Hand auf meiner Stirn – flüsterte der Frau zu: »Sie wacht auf!« Die Frau steckte mir einen Löffel mit etwas Süßem in den Mund und fütterte mich. Mir gegenüber stand ein großer Schrank; hinter einer Glasscheibe sah ich Porzellangeschirr. Eine weitere Person, die im Zimmer stand, sagte auf Tschechisch: »Gebt ihr nicht viel zu essen, nur etwas verdünnte Milch oder Brei!« Das war wohl ein Arzt. Er fühlte meinen Puls und meinte: »Sonst scheint sie gesund zu sein. Sie ist aber sehr schwach. Lasst sie viel schlafen!« Ich konnte nur stumm danken. Zum Reden hatte ich keine Kraft.

Am nächsten Morgen sah ich, wie das Paar, das mich aufgenommen hatte, in der Küche einen Tisch beiseite schob und einige Dielen aus dem Fußboden entfernte. Darunter öffnete sich ein Versteck, in dem ein bezogenes Bett stand. Der Mann trug mich auf seinen Armen hinunter und legte mich auf das Bett. Mit ruhiger Stimme erklärte er mir, dass er und seine Frau aufs Feld zur Arbeit gehen müssten. Damit mich während ihrer Abwesenheit niemand entdeckte, müssten sie mich verstecken. Deutsches Militär lag noch immer in der Umgebung des Dorfes, und die Dorfbewohner hatten große Angst, Flüchtlinge aufzunehmen, weil dies von den Besatzern schwer bestraft wurde.

Als ich allein war, versuchte ich mich daran zu erinnern, wie ich in dieses Haus gekommen war. Noch tief in Gedanken versunken, tauchte in mir ein neues Problem auf: Als was sollte ich mich meinen Gastgebern vorstellen? Dass ich Jüdin bin, wollte ich ihnen nicht sagen, da ich Angst hatte, dass sie mich fortjagen würden. Ermüdet vom Nachdenken, schlief ich wieder ein.

Am Mittag kehrte der Mann zurück und gab mir eine leckere Suppe. Nach dem Essen fragte er mich ruhig nach meinem Namen. »Eva«, antwortete ich und schloss die Augen. Mich schlafend stellend, suchte ich angestrengt nach einem Nachnamen, der nicht jüdisch klang. Wie war doch noch der Name unserer tschechischen Haushilfe in Prag? Er wollte mir nicht einfallen. Plötzlich sah ich die Straße vor mir, durch die ich täglich zur Schule gegangen war. Dort stand ein großes und schönes Haus, an dem ein Namensschild angebracht war: Dr. I. Karel. Ich wusste, dass dieser Dr. Karel ein nichtjüdischer Arzt war. Im selben Augenblick beschloss ich, seinen Namen anzunehmen, und fühlte mich sehr erleichtert – ich hatte wieder einen Namen.

In der folgenden Nacht lagen wir unter Beschuss. Die amerikanische Armee drang immer weiter vor[*] und schoss auf die Deutschen, die ihre Stellungen ganz in unserer Nähe hatten. Wir alle begaben uns in den Luftschutzkeller. Mich trug man auf den Schultern, in eine Decke gehüllt, hinunter. Jetzt erst erfuhr ich, dass meine Retter eine Tochter hatten. Sie saß neben ihrer Mutter, an die sie sich weinend

---

[*] Die Amerikaner hatten mit den Sowjets eine Demarkationslinie Karlsbad–Budweis–Linz vereinbart, so dass ein schmaler Streifen der ehemaligen Tschechoslowakei schließlich nicht von der Roten Armee, sondern von der 3. amerikanischen Armee befreit wurde.

klammerte. Nach allem, was ich erlebt hatte, kam mir ihre Angst übertrieben vor. Alle Anwesenden beteten, denn sie waren fromme Christen. Die Frau gab mir einen Rosenkranz in die Hände und bat mich mitzubeten. Wieder schloss ich die Augen und rettete mich in den Schlaf.

Ich hatte die Familie Jahn sehr gern. Der Onkel – so nannte ich den Mann – erzählte mir, dass er mich fast leblos auf dem Feld gefunden hatte. Er hatte mich auf seinen Leiterwagen gehoben, mich mit Klee zugedeckt und in sein Haus in Postrekov gebracht. Seine Frau Ludmila sprach immer in einem sehr lauten Ton, was mich zunächst stark ängstigte. Ihre Gutherzigkeit beruhigte mich jedoch schon bald, und nach kurzer Zeit hatte ich mich an ihre Art zu sprechen gewöhnt. Mit ihrer Tochter Vlasta war ich schon bald eng befreundet. Onkel Jahn behandelte mich wie seine eigene Tochter. Jede Nacht stand das Dorf unter Beschuss und jede Nacht trug er mich auf seinen Armen in den Keller.

Eines Tages enthüllte ich ihnen meine Identität – nicht die wirkliche, sondern die, die ich mir ausgedacht hatte: Eva Karel, Tochter eines Arztes, der von den Deutschen wegen seiner politischen Tätigkeit ins Konzentrationslager verschleppt worden war. Die guten Leute glaubten mir jedes Wort und ich log ihnen offen ins Gesicht.

Falls es Dich gibt, Gott, und Du all das Grauen dieses Krieges und der Lager mit ansehen musstest, wirst Du über eine kleine Lüge wohl hinwegsehen können!

Jeden Abend fanden sich im Haus von Onkel Jahn Nachbarn und Verwandte ein. Keiner kam mit leeren Händen.

Tante Ludmilas Schwester nähte mir ein schönes Kleid. Eine andere Tante brachte mir eine bestickte Bluse, und ich erhielt auch ein buntes Tuch für meinen Kopf, dessen Haar immer noch nicht richtig nachgewachsen war. Alle Mädchen des Dorfes trugen Kopftücher, so dass ich nicht besonders auffiel. Die Abende verbrachte ich mit Jahns und den Gästen, doch hielt ich mich tagsüber weiter versteckt, da immer noch die Gefahr bestand, dass die Nazideutschen mich entdeckten.

Eines Morgens kehrte Vlasta schon früh vom Feld zurück. In meinem Versteck hörte ich, wie sie rief: »Eva, Eva, du kannst herauskommen. Die Deutschen sind abgezogen, der Krieg ist aus!«

Ich lief ins Freie und war wie benommen. Alle Bewohner von Postrekov tanzten vor Freude. Ein amerikanischer Panzer fuhr mit Fahnen geschmückt durch das Dorf und die Soldaten warfen den Kindern Schokolade zu. Das Dorforchester spielte und der Trommler nahm mich auf seine Schultern. So ging es in einem fröhlichen Zug durchs ganze Dorf.

Als das Fest zu Ende war, kehrten wir ins Haus zurück. Ich war traurig und weinte. Zum ersten Mal nach all den Kriegsjahren strömten Tränen aus meinen Augen. Ich weinte über all jene, die nie erfahren würden, dass der Krieg vorüber war. Ich weinte über meinen Vater und meine Mutter. Ich weinte darüber, dass ich als Einzige von meiner Familie übrig geblieben war; nur mich allein hatte das Ungeheuer nicht überwältigen können. Ich fühlte mich besiegt und nicht als Sieger.

Onkel Jahn verstand nicht, warum ich weinte. Er wollte

mich beruhigen und sagte: »Von nun an wird alles gut werden!«

Ich konnte keine Worte finden, um ihm meine Gefühle zu erklären.

Jeden Morgen ging ich nun mit der Familie Jahn aufs Feld. Onkel Jahn wachte darüber, dass ich nicht zu sehr ermüdete, und trug mich auf seinen Schultern. Täglich betastete er meine dünnen Fußgelenke, ob sie nicht schon etwas stärker geworden wären. Halb im Scherz, halb im Ernst bot er mir leihweise seine Füße an, bis ich wieder richtig gehen könne. Ich liebte das Feld, die wilden Blumen und den frischen Duft des Heus. Soweit es meine Kräfte erlaubten, arbeitete ich auf dem Feld mit und half Tante Ludmila auch bei der Hausarbeit. Ich bemühte mich, ein Leben wie alle anderen zu führen, aber die Müdigkeit in mir war noch zu groß, und ich schlief oft und lange.

Mein Appetit war riesig. Nach der langen Zeit des Hungers aß ich alle Speisen, die Tante Ludmila auftischte, mit wahrer Gier. Brotscheiben pflegte ich sogar auf beiden Seiten mit Butter zu bestreichen.

Einmal in der Woche knetete Tante Ludmila den Teig für fünf große, runde Brotlaibe, die sie dann zum öffentlichen Backofen brachte, der am Rand des Dorfes stand. Sie schob den Teig in den Ofen und kehrte nach Hause zurück. Vlasta oder ich holten dann später das frisch gebackene Brot in einem großen Korb dort ab und brachten es nach Hause.

Ich erinnere mich, dass ich einmal dabei ausrutschte und hinfiel. Zwei Brotlaibe glitten aus dem Korb in den Wegschlamm. Ich wusste vor lauter Schrecken nicht, was ich tun sollte. Da kam eine Nachbarin aus ihrem Haus und fragte: »Was ist denn passiert?« Sie blickte mich an und fügte hinzu: »Aber du bist doch das Mädchen, das bei den Jahns wohnt.« Als sie das beschmutzte Brot sah, eilte sie ins Haus zurück und kam mit zwei neuen Brotlaiben heraus, die in etwa denen glichen, die mir aus dem Korb gefallen waren. »Hier, nimm das«, sagte sie, »und pass in Zukunft besser auf!«

Nach allem, was fremde Menschen mir und meiner Familie angetan hatten, konnte ich es gar nicht fassen, wie gut diese Dorfleute zu mir waren.

An manchen Abenden schloss ich mich Vlasta und ihren Freundinnen an. Gerne zog ich mit ihnen los, fühlte mich dabei aber niemals ganz zur Gruppe gehörig: Sie lachten über Dinge, die ich gar nicht komisch fand, und ihre Sorgen waren nicht meine Sorgen.

Eines Tages, es war im Spätsommer, setzte sich Onkel Jahn zu mir und erklärte mir mit ernstem Gesicht, ich müsse wieder zur Schule gehen. Dieser Gedanke erschien mir alles andere als selbstverständlich. Nach einer so langen Zeit des Leidens und der Unstetigkeit konnte ich mir überhaupt nicht vorstellen, mich wieder auf so etwas wie Lernen zu konzentrieren und in den Schulalltag zurückzukehren. Das neue Schuljahr hatte gerade begonnen, aber mir war unklar, was ich eigentlich wollte. Wenn ich es recht überlegte, hatte ich keinerlei Vorstellung von meiner Zukunft.

Wenig später erfuhr Onkel Jahn, dass in Prag eine Liste mit den Namen der Überlebenden auslag. Er schlug mir vor, mich dort eintragen zu lassen. Ich hätte doch den Tod meines Vaters gar nicht miterlebt; vielleicht befände er sich unter den Überlebenden!

Nun war es also an der Zeit, meinen Rettern die Wahrheit zu sagen und ihnen meinen richtigen Namen zu nennen. Ich erklärte ihnen, warum ich einen falschen Familiennamen angegeben hatte: aus Angst davor, dass sie mich vielleicht fortschicken würden, weil ich Jüdin bin. Onkel Jahn meinte dazu: »Wie konntest du nur so etwas über uns denken!« Aber er war nicht gekränkt und sein Verhalten und das der anderen mir gegenüber änderte sich nach meinem Geständnis nicht im geringsten.

Eines Tages – wir saßen gerade bei Tisch – trat eine Nachbarin ins Haus und berichtete, dass eine unbekannte Frau im Dorf sei und uns suche. Onkel Jahn ließ sie herbeirufen. Es stellte sich heraus, dass diese Frau mit mir verwandt war: Es war die Frau von Onkel Ernst. Als sie den Namen ihres Mannes auf der Liste der Überlebenden gesucht hatte, war sie auf meinen gestoßen.

Onkel Ernst war der Bruder meiner Mutter. Schon in seiner Kindheit war er bekannt als Schweiger. Auch als Erwachsener tat er sich mehr durch Taten als durch Worte hervor. Als Ältester der drei Brüder erbte er die Schuhfabrik seines Vaters, meines Großvaters. Onkel Ernst heiratete Ilona, die Tochter des Dorflehrers. In unserer Familie trug man ihm diese Heirat mit einer Nichtjüdin nicht nach. Doch Tante Ilona war stolz und überheblich. Das führte dazu, dass sie nicht sehr beliebt war. Sie und Onkel Ernst hatten zwei Söhne, Thomas und Alexander. Im Lauf der Jahre bauten sie sich im Park des großväterlichen Hauses eine

Villa mit einem kleinen Schwimmbecken. Onkel Ernst erweiterte die Schuhfabrik und verbesserte die Arbeitsbedingungen der Angestellten. Wegen seiner Hilfsbereitschaft war er überall sehr beliebt.

Gleich nach dem Einmarsch der Deutschen kamen die Besatzer auch in sein Dorf. Sein Leben und sein Besitz waren bedroht. Um die Gestapo zu überlisten, ließ er sich von seiner Frau scheiden, aber nur, damit sie als Nichtjüdin den Familienbesitz weiterverwalten könne. Er selbst hielt sich in den Wäldern versteckt, die er noch aus den Tagen seiner Kindheit gut kannte. Dort ernährte er sich von Pflanzen und erlegtem Wild. Der Dorfhirte, der ebenfalls im Wald wohnte, half ihm dabei.

Anderthalb Jahre nachdem er sein Haus verlassen hatte, nahmen die Besatzungsbehörden die Suche nach meinem Onkel auf, nachdem ihnen jemand seinen Aufenthaltsort verraten hatte. Aber wieder überlistete Onkel Ernst seine Verfolger, indem er vortäuschte, er sei in einem Teich unweit des Dorfes ertrunken. Am Ufer fand man seine Kleider und seine Papiere. Die Nazis ließen sich tatsächlich irreführen und brachen die Suche nach ihm ab. Einige Zeit später beschloss man, den Teich trocken zu legen. Dabei erinnerte man sich, dass die sterblichen Überreste eines Ertrunkenen auf dem Grund des Teiches liegen müssten. Als sie nichts dergleichen fanden, erkannten die Nazis, dass man sie überlistet hatte. Sie nahmen die Suche nach meinem Onkel wieder auf und entdeckten ihn schließlich im Wald. Onkel Ernst wurde in Theresienstadt in der berüchtigten »Kleinen Festung« eingesperrt.

Diese alte Festung wurde in den Kriegstagen als Gefängnis benutzt und die Aufseher dort waren besonders grausam. Nur wenige der Insassen überlebten bis zur Befreiung. Aber selbst die unmenschliche Behandlung in diesem Gefängnis konnte den Lebenswillen meines Onkels nicht brechen. Er munterte sogar seine Mitgefangenen auf, hielt sie dazu an, täglich Sportübungen durchzuführen und sich einen Rest Menschenwürde zu bewahren. Die Aufseher fühlten sich durch dieses Verhalten herausgefordert. In ihrer Wut ermordeten sie ihn mit all seinen Freunden.

Wir erfuhren davon erst anderthalb Jahre nach unserer Ankunft in Theresienstadt. Einer der Ghetto-Insassen, die in der »Kleinen Festung« arbeiteten, schmuggelte mehrere Zettel heraus, auf denen mein Onkel seine Erinnerungen seit dem Beginn der deutschen Besatzung aufgezeichnet hatte. Immer wieder fragte ich mich damals, warum die Nazis sich so bemüht hatten, einen einzigen Juden zu vernichten.

Tante Ilona war mir vom ersten Augenblick an unsympathisch und ich wollte auf keinen Fall mit ihr fahren. Onkel Jahn war anderer Meinung. Er führte mich ins Nebenzimmer und erklärte mir, dass Tante Ilona nur mein Bestes wolle. Dann fügte er hinzu: »Wenn du trotzdem wieder zurückkommen willst, wirst du unser Haus immer offen finden.« Das überzeugte mich.

Tante Ludmila packte meine Sachen und wieder hieß es Abschied nehmen. Ich konnte nicht sprechen, der Hals war mir wie zugeschnürt und ich weinte immerfort. Onkel Jahn, Tante Ludmila und Vlasta trennten sich am Bahnhof von mir. Das Herz wurde mir schwer. In den letzten Jahren hatten mich Bahnfahrten immer leidvollen Erlebnissen entgegengeführt. Was erwartete mich diesmal?

Tante Ilona wohnte in der neuen Villa, die Onkel Ernst neben dem Haus der Großmutter hatte erbauen lassen. Nun war ich wieder dort, wo sich mir meine ersten Kindheitserinnerungen eingeprägt hatten. Großmutter allerdings war noch vor dem Krieg gestorben. Die Villa hatte drei Stockwerke mit zahlreichen Zimmern. Hinter meiner Tante stieg ich ins dritte Stockwerk hinauf, wo sie mich in ein kaltes Zimmer führte. Hier standen ein Tisch, zwei Stühle, ein Schrank und ein Bett. Das sei ab jetzt mein Zimmer, sagte sie. Bedrückt und sehr müde legte ich mich auf das Bett und schlief noch in meinen Kleidern sofort ein.

Frühmorgens stand ich auf. In der Küche saß bereits Tante Ilona mit ihren beiden Söhnen, dem zwanzigjährigen Alexander und dem sechzehnjährigen Thomas. Tante Ilona goss mir eine Tasse Kaffee ein und erklärte mir, dass ich mir vom nächsten Tag an das Frühstück selbst zubereiten müsste, da sie das Haus schon früh verlassen würde. Das war also mein »herzlicher Empfang«! Ich setzte mich an den Tisch, konnte aber keine passenden Worte finden. Mein Blick fiel auf meine beiden Vettern, und ich sah, dass sie mich musterten. Ihre Anwesenheit machte mich verlegen. Nach der Mahlzeit standen sie auf und entschuldigten sich, weil sie sich auf Prüfungen in der Schule vorbereiten müssten. Türen schlossen sich hinter ihnen. Zur selben Zeit verließ auch Tante Ilona das Haus, ohne auch nur noch ein Wort mit mir zu wechseln. Ich blieb in dem großen Haus allein zurück und wusste nichts mit mir anzufangen.

Ich durchstreifte die Räume. Im Esszimmer befand sich ein großer Tisch, um den vierundzwanzig Stühle standen. Der Teppich lag eingerollt auf der anderen Seite des Raumes. Mein Blick fiel auf eine Anrichte mit geschnitzten Türen. Ich öffnete sie und erkannte unter dem Tafelgeschirr einen Teil des Geschirrs aus dem Haus meiner Eltern in Prag. Alles war arg verstaubt. Es war deutlich zu sehen, dass sich niemand richtig um den Haushalt kümmerte. Ich gelangte dann in die ebenfalls sehr verstaubte Bibliothek. Ich stöberte in den Regalen und entschied mich schließlich für ein Buch, das »Vom Winde verweht«[*] hieß. Es war sehr dick, aber vorläufig hatte ich ja auch viel Zeit.

Mit dem Buch in der Hand ging ich in den Obstgarten. Die roten Äpfel lachten mich an. Ich pflückte mir einen und biss hinein. Da wurde ich an meine fehlenden Schneidezähne erinnert.

Der Pfad durch den Obstgarten führte zum Haus meiner Großmutter. Der alte Kastanienbaum stand noch, aber nach meinem alten Freund, dem Raben, hielt ich vergeblich Ausschau. Wahrscheinlich war auch er im Krieg gestorben.

Ich betrat das Haus, das den Anschein erweckte, als sei es unbewohnt. Als sich meine Augen an das Halbdunkel gewöhnt hatten, gewahrte ich im ersten Stock, in einem Rollstuhl sitzend, eine alte Frau. Neben dieser stand Tante Ilona. Sofort begriff ich, dass die alte Frau ihre Mutter sein musste. Noch während des Krieges war sie in das alte Haus gezogen, um so Besitzansprüche geltend zu machen.

---

[*] Roman von Margaret Mitchell, erschienen 1936. Die deutsche Übersetzung war 1937 erschienen, aber von den Nationalsozialisten 1941 verboten und aus dem Handel gezogen worden. Eva Erben las das Buch in tschechischer Übersetzung.

Die Tür zum Schlafzimmer stand offen. Mein Blick fiel hinein, und ich sah, dass das alte Bett noch immer dort stand. Auf dem Schrank lagen jedoch keine duftenden Äpfel mehr.

Tante Ilona fragte, ob ich einen Wunsch hätte. Ich wollte aber nichts. Ich war nur »einfach so« hereingekommen. Um nicht das Haus wieder zu verlassen, ohne ein Wort gesagt zu haben, fragte ich Tante Ilona nach dem Zahnarzt. Sie erklärte mir den Weg dorthin, und ich beschloss, ihn ohne Zögern aufzusuchen.

Draußen stieg ich unwillkürlich die Stufen hinab, die zur Schuhfabrik führten. Diese Treppe hatte mein Großvater anlegen lassen, um sich den Umweg durch den Garten zu sparen. Der Geruch von Leder empfing mich. Eine vertraute Person kam lächelnd auf mich zu – Josef! Josef, der Kutscher, der uns immer vom Bahnhof abgeholt hatte. Jetzt arbeitete er in der Fabrik. Er nahm mich wieder in seine starken Arme, küsste mich auf die Wangen und ließ nicht von mir ab, bis ich einwilligte, ihn über Mittag in seinem Haus zu besuchen.

Auch Anna, seine Frau, drückte mich, als ich zu ihnen kam, ganz gerührt an ihr Herz und deckte sofort den Tisch. Ich hatte den Eindruck, alles, was sich im Haus an Essbarem befand, setzte sie mir vor. Während des Essens stellten mir beide unentwegt Fragen nach meinem Schicksal in all den Kriegsjahren. Hier spürte ich echte Anteilnahme. Die beiden alten Leute widmeten mir ihre ganze Aufmerksamkeit. Wärme und Herzlichkeit hatte ich sehr nötig. In diesem Hause fand ich sie. Ich antwortete auf alle Fragen und erzählte, so viel ich konnte.

Am Nachmittag suchte ich dann den Zahnarzt auf. Auch er empfing mich sehr herzlich. In den Tagen vor dem Krieg hatte er meine Mutter gut gekannt. Er behandelte mich kostenlos. Nach der Behandlung reichte er mir einen Spiegel. Schon lange hatte ich in keinen Spiegel mehr geschaut. Jetzt entdeckte ich zu meiner Überraschung und Freude, dass mein Haar schon um einiges nachgewachsen war und dass sich wieder zwei neue Schneidezähne in meinem Mund befanden. Ich war zufrieden – denn ich fand, dass ich gar nicht so übel aussah.

Am nächsten Tag begleitete ich Tante Ilona, als sie mich in der Schule anmeldete. Die Rektorin war eine frühere Lehrerin meiner Mutter. Sie erzählte mir viel über Mutter und gab mir zu verstehen, dass sie hoffte, in mir eine ebenso gute Schülerin zu finden, wie meine Mutter es gewesen war. Ich konnte nicht verhindern, dass mir die Tränen kamen.

Vor dem Krieg war ich nur vier Jahre in die Schule gegangen, jetzt kam ich in die achte Klasse. Das geregelte Lernen fiel mir schwer. Alles wirkte so fremd auf mich. Meine Mitschüler interessierten mich nicht. Ich konnte mich mit niemandem befreunden. Rechnen, Grammatik und andere Fächer beherrschten sie viel besser als ich. In meinen Augen waren sie jedoch kindisch und weltfremd. Grundverschiedene Lebenserfahrungen trennten uns.

Meine einzige Freundin war damals Vera, die Tochter von Josef und Anna. Sie war vier Jahre älter als ich. Mit ihr fand ich eine gemeinsame Sprache und ich verbrachte viele Stunden bei ihr zu Hause. Josef, Anna und Vera begegneten mir mit Liebe. Hier fand ich meine Selbstsicherheit wieder und hier konnte ich auch Liebe zurückgeben. Tante Ilona sagte von Zeit zu Zeit, es sei nicht höflich, ganze Tage »im Haus von Fremden« zu verbringen. Sie verstand nicht, warum es mich dort hinzog.

Ich konnte ihr nicht erklären, dass ich im Hause von Josef und Anna das gefunden hatte, was sie mir nicht bieten konnte.

Tante Ilona war eine hartherzige Frau. Ich erinnere mich bis heute, wie sie mich mit ihren Bemerkungen verletzen konnte: Manchmal fand ich eine Tafel Schokolade auf dem Küchentisch vor. Die Versuchung war zu groß. Ich brach mir ein Stück ab. Das blieb Tante Ilona nicht verborgen. Eines Tages überraschte sie mich dabei in der Küche und sagte mit kalter Stimme: »Wenn du weiter so viel Schokolade isst, werden dir noch mehr Zähne ausfallen.«

Ich musste lachen und erzählte ihr, wie ich meine Schneidezähne verloren hatte.

Sie blickte mich seltsam an und antwortete: »Ich habe den Eindruck, Kind, dass du eine etwas krankhafte Phantasie hast.«

Wegen dieser Bemerkung habe ich ihr von meinen Erlebnissen nie wieder etwas erzählt.

In meiner freien Zeit streifte ich immer wieder durchs Haus und machte dabei manche Entdeckung. Eine verschlossene Tür fand meine besondere Aufmerksamkeit. Eines Tages wagte ich es, sie zu öffnen. Vor mir lag eine Rumpelkammer, deren Fensterläden verschlossen waren. Es roch nach Staub. Langsam gewöhnten sich meine Augen an das Dämmerlicht, und ich sah alle möglichen ausgedienten Geräte, altes Spielzeug, Kinderbücher und Zeitungen, die einfach auf dem Boden verstreut lagen.

In einem Winkel entdeckte ich ein Photoalbum. Neugierig schlug ich es auf und sogleich stockte mir der Atem ... Vater und Mutter schauten mich von einem der Bilder an. Daneben war ein Photo von mir mit der Puppe Hannah, außerdem ein Bild mit Vater und Mutter auf einem Ausflug. Ich blätterte und blätterte – da waren noch viel mehr ... Vergangenes Glück strahlten diese Bilder aus. Ich hatte einen Schatz gefunden, einen richtigen Schatz!

Neben dem Album fand ich Mutters Puderdose, die Vater aus Kunstharz angefertigt hatte. Album und Puderdose fest an mich drückend und mit Tränen in den Augen ging ich zurück auf mein Zimmer. Hinter mir verschloss ich die Tür und gab mich einer Traumwelt glücklicher Erinnerungen hin.

Meine Abneigung gegen Tante Ilonas Familie nahm immer mehr zu.

Eines Tages hörten wir während des Mittagessens im Radio die Neunte Symphonie von Beethoven. Meine beiden Vettern wiegten ihre Köpfe im Rhythmus und pfiffen die Melodie mit. Harmlos fragte ich nach dem Namen des Werkes. Die Jungen schüttelten sich vor Lachen. Sie erklärten mir, meine Unbildung sei eine Schande. Ich brachte keinen Bissen mehr hinunter, stand auf, ging in mein Zimmer und schloss die Tür hinter mir ab.

Ich wollte fort von hier. All die Jahre hatten meine Vettern in diesem schönen Haus gewohnt. Und jetzt hielten sie mir vor, dass ich in Auschwitz keinen Musikunterricht bekommen hatte! Am liebsten hätte ich die beiden – und wenn auch nur für eine einzige Woche – selbst an diesen fürchterlichen Ort verdammt, damit sie einmal am eigenen Leib spüren könnten, was es heißt, im Schatten des Todes zu leben.

Warum hatte Tante Ilona mich nicht in Postrekov bei Onkel Jahn lassen können! Nur noch fort wollte ich – aber wohin?

Ich vertraute mich Vera, Anna und Josef an, die für meine Lage Verständnis zeigten. Sie kannten Tante Ilona nur zu gut und konnten sich vorstellen, wie mein Leben in diesem Haus sich abspielte. Josef machte die nächste jüdische Gemeinde ausfindig und fragte dort nach, ob die Möglichkeit bestehe, mir zu helfen.[*] Er kehrte mit einer guten Nachricht zurück: Die Gemeinde bewilligte mir eine monatliche Unterstützung bis zum Ende meiner Ausbildung in Höhe von 300 Kronen. Wir erfuhren auch, dass es in Prag ein Waisenhaus für jüdische Kinder gab, die den Krieg überlebt hatten.

---

[*] Von 90 000 Juden, die zu Beginn der deutschen Besatzung in Böhmen und Mähren gewohnt hatten, waren nach dem Kriegsende nur noch weniger als 10 000 am Leben. Diese bildeten eine kleine Zahl stark dezimierter jüdischer Gemeinden.

Wenige Wochen später gelang es Josef, meine Tante zu täuschen. Auf seine Bitte hin erlaubte sie mir, ihn und Vera in die Stadt zu begleiten, um einen Zirkus zu besuchen. Die Vorstellung begeisterte mich sehr, war es doch das erste Mal nach dem Krieg, dass ich richtig »ausging«. Allerdings war der Zirkusbesuch nicht der eigentliche Grund unserer Fahrt. Nach der Vorstellung gingen wir in das Büro der jüdischen Gemeinde, wo ich mich für die Aufnahme in das Waisenhaus anmeldete.

Glücklich kehrte ich in mein Zimmer im Haus der Tante zurück. Jetzt wusste ich, dass es einen Ort für mich gab, einen besseren als diesen. Und nach dem Ende des Schuljahres würde ich dorthin gehen. Natürlich gab es immer noch Grund genug, mich über meine Zukunft zu sorgen, denn ich wusste ja keineswegs, was aus mir werden sollte. Aber das Schlimmste, so tröstete ich mich, lag auf jeden Fall hinter mir. In den fünfzehn Jahren meines Lebens hatte ich schon so viel Böses erlebt, dass mich eigentlich nur eine bessere Zukunft erwarten konnte.

Ich begann die Tage bis zur Abreise zu zählen. Noch fünf Monate und ein neues Leben würde für mich beginnen – in Prag.

In diesen Monaten des Wartens las ich viele Bücher, darunter »Schuld und Sühne« von Dostojewski und Tolstois »Krieg und Frieden«. Das Lesen trat oft an die Stelle des Lernens. Dabei erzielte ich in der Schule ganz gute Erfolge, doch hatte ich das Interesse an der tschechischen Geschichte verloren. Ich fühlte mich dem tschechoslowakischen Volk nicht länger zugehörig und mein Lerneifer ließ nach. In der Schule zeigte man Verständnis dafür und verlangte nicht zu viel von mir.

Zu meiner und vor allem Tante Ilonas Überraschung erhielt ich am Ende des Schuljahrs ein recht gutes Zeugnis. Trotzdem wollte Tante Ilona mir nun verbieten, dass ich meine Zeit weiter mit Büchern »vergeude«. Sie verlangte mit Nachdruck, dass ich mir jetzt eine Arbeit suche, denn ich würde mir sonst – Gott behüte – das Faulenzen noch ganz zur Gewohnheit machen. Ich lachte in mich hinein, wusste ich doch, dass sie mich schon am nächsten Tag los sein würde – und dass ich sie niemals mehr wieder sehen müsste.

Der Zug nach Prag sollte um sechs Uhr abends abfahren. Mir blieben noch fünf Stunden für die Reisevorbereitungen. Ich aß mit der Familie zu Mittag, immer bemüht, mir meine Erregung nicht anmerken zu lassen, denn das Reisefieber hatte mich gepackt. Nach dem Essen verstaute ich meine wenigen Habseligkeiten in der Reisetasche, die Tante Ludmila mir in Postrekov mitgegeben hatte. Mein wertvollster Besitz war das Photoalbum, ansonsten war ich nicht reicher geworden, und die Tasche genügte mir.

Dann hieß es, von Josef und seiner Familie Abschied zu nehmen. Anna empfing mich mit der gewohnten Herzlichkeit. Für einen Augenblick verließ sie das Zimmer, um mit einem Abschiedsgeschenk für mich zurückzukehren, einem Matrosenkleid, bestehend aus Faltenrock und Bluse, ganz nach der letzten Mode. Vor Freude und Dankbarkeit umarmte ich sie, ich wollte sie gar nicht mehr loslassen, bis sich dann Josef zu Wort meldete: »Da gehört noch etwas dazu, damit die Freude komplett wird.« Er öffnete eine Schachtel und holte ein Paar wunderschöner weißer Sandalen hervor, die er mir selbst genäht hatte. Von Rührung überwältigt, musste ich weinen. Schließlich verabschiedete ich mich von der Familie, die ich so lieb gewonnen hatte, und Josef musste mir versprechen, mich bald in Prag zu besuchen.

Noch ein letztes Mal kehrte ich ins Haus der Tante zurück. Jeden Lärm vermeidend, nahm ich meine Tasche und schlich mich auf Zehenspitzen die Treppe hinunter. Ich hörte, wie sich Tante Ilona mit ihren Söhnen stritt, aber das ging mich bereits nichts mehr an. In den neuen Sandalen liefen meine Füße wie von selbst. Ein kurzer Blick zurück überzeugte mich, dass niemand mein Verschwinden bemerkt hatte. Durch die Gartenpforte gelangte ich auf die Straße und dann rannte ich zum Bahnhof und kaufte mir eine Fahrkarte nach Prag. Neben dem Bahnhof stand ein Eisverkäufer. Das neue Freiheitsgefühl voll auskostend, kaufte ich mir eine große Portion und setzte mich im Abteil auf einen Fensterplatz.

Bei meiner Ankunft in Prag war es zehn Uhr abends. Im Bahnhof herrschte ein dichtes Gedränge und selbst die Straßen waren noch voller Leute.

Wohin gehen all diese Menschen?, fragte ich mich. Offenbar geht jeder seinem klaren Ziel entgegen. Jeder hier kennt sich aus, nur ich bin unsicher, weiß nicht, wohin ich mich wenden muss … Dabei ist das hier doch meine Heimatstadt …

Klingelnde Straßenbahnen fuhren in alle Richtungen. Erst nach einigem Umherirren fand ich einen Polizisten, der mir den Weg zum Waisenhaus erklärte. Die Adresse hatte ich mir aufgeschrieben: Belgienstraße 30, Prag 12. Dorthin fuhr die Linie 20, auf die ich einige Minuten warten musste. Dann stieg ich ein. Durchs Fenster sah ich Straßen und Häuser, die mir bekannt vorkamen.

Langsam kehrte die Erinnerung zurück. Dort stand das große Museum, das ich mehrmals mit meinem Vater besucht hatte; hier war der große Platz mit dem Denkmal, einem prächtigen Pferd mit gekröntem Reiter, der gerade sein Schwert zog … Die Erinnerungen überstürzten sich. Fünf lange Jahre war es her, dass ich an all diesen Orten glücklich gewesen war – mit Vater und Mutter! Die Straßen und Häuser stehen noch unverändert, aber Vater und Mutter leben nicht mehr.

In traurige Gedanken versunken, hätte ich fast das Aussteigen an der richtigen Haltestelle vergessen. Bald hatte ich das Waisenhaus gefunden. Ich stand vor einem großen, hässlichen Haus. Da es schon spät war, fand ich die Türen verschlossen. Ich schellte und hörte, wie sich Schritte näherten. Ein verschlafener Pförtner ließ mich ein, ohne irgendeine Frage zu stellen.

Ich stieg die Treppe hinauf und trat in ein großes Zimmer, in dem ein Sofa, ein Tisch und zahlreiche Stühle standen. An der Wand über dem Tisch hing ein Landschaftsgemälde, das ich ungläubig betrachtete: Es war das Bild, das bei uns im Wohnzimmer gehangen hatte! Wie kam es hierher?

»Bist du Eva?«, fragte mich eine Frau, die ins Zimmer getreten war, ohne dass ich es bemerkt hatte. »Ich heiße Magda«, stellte sie sich vor.

Sie führte mich ins Büro, wo sie meine Personalien eintrug. Dann brachte sie mich auf mein Zimmer, in dem sich bereits zwei Mädchen befanden, die auf ihren Betten lagen und lasen. Sie hießen Anke und Martha.

Martha kam mir bekannt vor, und tatsächlich stellte sich heraus, dass wir uns schon in Theresienstadt getroffen hatten und später noch einmal in Auschwitz. Sie hatte sechs Brüder gehabt, doch wie ich war sie die Einzige ihrer Familie, die überlebt hatte. Beide freuten wir uns über das Wiedersehen. Sie räumte für mich ein Fach im Schrank frei, half mir beim Auspacken und bezog mein Bett. Es war schon fast Mitternacht, als wir uns schlafen legten. In dieser ersten Nacht in Prag schlief ich tief und fest.

Im Waisenhaus wohnten etwa fünfzig Jugendliche, die Mädchen im zweiten Stock und die Jungen im ersten. Am nächsten Morgen beim Frühstück lernte ich viele von ihnen ein bisschen kennen. Fast alle waren älter als ich, doch hatten wir eine gemeinsame Vergangenheit. Alle waren wir die Letzten unserer Familien, alle hatten wir Entsetzliches erlebt, und gerade deshalb war jeder von uns bemüht, wieder zum normalen Leben zurückzukehren.

Nach dem Frühstück lud Martha mich ein, mit ihr zur Schwesternschule zu gehen, wo sie sich für das kommende Schuljahr einschreiben ließ. Durch ihre Entscheidung beeinflusst, ließ ich mich ebenfalls einschreiben. Unterwegs hielt ich mich vor jedem Schaukasten und an jeder Plakatwand auf, ganz benommen von dem Angebot an Kunst und Unterhaltung, das die Großstadt bot. Wir beschlossen, Eintrittskarten für die Oper »Die verkaufte Braut« von Smetana zu kaufen, die in der Nationaloper aufgeführt wurde. Von nun an gingen wir fast täglich aus, ins Kino, ins Theater, ins Museum oder wir spazierten einfach stundenlang durch die Stadt. Wir wollten die Sommerferien richtig genießen. Nach einem Monat waren wir jedoch von all den Eindrücken, die wir gierig aufgesogen hatten, ziemlich ermüdet. Die Hitze in der Stadt war zudem unerträglich geworden und so beschlossen wir, aufs Land zu fahren.

Wir fuhren in ein Dorf unweit von Prag, wo Herr Fiala, ein Bekannter von Martha, Inhaber des Dorfladens war. In der Wohnung des Herrn Fiala, die direkt über dem Laden lag, roch es angenehm nach Gewürzen und Trockenobst. Er hatte zwei Zimmer für uns hergerichtet und freute sich über unsere Hilfe im Geschäft. Da er allein stehend war, nützte er die Gelegenheit und fuhr zu seiner Schwester zu Besuch. Während seiner Abwesenheit vertraten wir ihn.

Wir fühlten uns wie die Inhaberinnen des Ladens. Das Trockenobst türmten wir zu Pyramiden auf, die als Blickfang für die Kunden dienten. Und immer wenn wir etwas naschen wollten, konnten wir uns nach Herzenslust bedienen. Der Laden des Herrn Fiala war für uns ein Paradies. Das spürten wohl auch die Kunden. Viele bestaunten neugierig die beiden jungen Mädchen, »die die Hölle durchlebt hatten und immer noch lächelten«.

Zwei Tage vor Schulbeginn kehrten wir nach Prag zurück, sonnengebräunt und gut erholt. Gleichzeitig mit dem Unterricht begann der Dienst im Krankenhaus. Daneben fand ich noch Zeit, einige interessante Bücher zu lesen. Bald hatte ich gelernt, meine Zeit zwischen Arbeit, Lesen, Lernen und Schlaf einzuteilen.

Einmal besuchte ich auch den Chemiker, dem anstelle meines Vaters die Urheberrechte für die Erfindung des Kunstharzes übertragen worden waren. Von ihm erfuhr ich, dass Vater noch vor Kriegsausbruch mit ihm zusammen eine Fabrik zur Herstellung von Kunstharz gründen konnte. Während des Krieges leitete dieser Chemiker die Fabrik allein und war jetzt, da mein Vater nicht zurückgekehrt war, der Alleinbesitzer. Ohne dass ich darum gebeten hätte, gab er mir einen Teil des Preisgeldes, das er zusammen mit der Ehrung erhalten hatte, die eigentlich meinem Vater gebührt hätte. Er bot mir auch an, sich an meinen Ausbildungskosten zu beteiligen. Ich dankte ihm, nahm jedoch sein Angebot nicht an.

Während meiner Schwesternausbildung kam ich in Berührung mit einer neuen Idee, die mich sehr fesselte, und ich bemühte mich, mehr darüber zu erfahren. Diese Idee hieß: Israel. Ich interessierte mich für das Leben derer, die nach Palästina gegangen waren, dem Land der Väter, um dort einen Staat nur für Juden mit aufbauen zu helfen. Bald schloss ich mich einer Gruppe von Jungen und Mädchen an, die dieselbe Idee erfüllte, und wir diskutierten über dieses »Gebot der Stunde« an den Freitagabenden oft stundenlang. Vor allem interessierte uns das Leben in den Kibbuzim, den Kollektivdörfern, mit ihrer neuen Lebensform, die sich an Grundsätzen der Gemeinschaft und der Brüderlichkeit ausrichtete. Eines unserer Gruppenmitglieder konnte Hebräisch und mit seiner Hilfe erlernten wir alle diese Sprache.

Am 15. Mai 1948 versammelten wir uns im jüdischen

Gemeindehaus von Prag und hörten in einer Radioübertragung die Unabhängigkeitserklärung des Staates Israel. Begeistert sahen wir einen Film über den jungen Staat in einem uralten Land. Viele Menschen in Prag nahmen an einer Feier zu diesem Anlass teil und dort traf ich Peter wieder, unseren Gruppenältesten in Theresienstadt – den Kirschenschmuggler.

Als ich am nächsten Tag aus dem Krankenhaus kam, erwartete mich zu Hause ein Gast – Peter. Er lud mich zu einem Kinobesuch ein. Von da an trafen wir uns fast täglich. Wir hatten uns verliebt, und bald beschlossen wir, zusammen nach Israel auszuwandern, um dort ein neues Leben – unser Leben – zu beginnen.

Vorläufig war das noch ein Wunschtraum. Es dauerte Monate, bis wir alle Dokumente und Bestätigungen beisammen hatten, die wir für die Ausreise aus der Tschechoslowakei benötigten. Doch der lange ersehnte Tag kam.

Wir fuhren mit der Bahn nach Paris und von dort nach Marseille, wo wir das Schiff bestiegen, das uns nach Israel bringen sollte. Am dritten Tag der Schiffsreise gerieten wir in einen schweren Sturm. Wie eine Nussschale schaukelte das Schiff auf den Wogen. Das Deck wurde von hohen Wellen überspült. Zu unserer Erleichterung ließ der Sturm nach einigen Stunden nach und der Himmel hellte sich auf. Am sechsten Tag der Reise sahen wir die Bucht von Haifa vor uns.

Langsam schob sich das Schiff in den Hafen. Alle Passagiere standen an Deck und blickten wie gebannt auf die wunderschöne Stadt am Fuß des Karmelgebirges.

Unser Traum war Wirklichkeit geworden.

Neben mir an Deck stand Peter und er flüsterte mir zu: »Hier, in einer dieser Ortschaften, werde ich uns ein kleines Haus bauen, ganz mit Blumen umgeben, wie du es so liebst. In diesem Haus werden wir Kinder großziehen, denen ein solches Leiden, wie wir es durchleben mussten, erspart bleiben soll!«

Fast zwanzig Jahre später, im August 1966, führte mich eine Europareise auch nach Postrekov …

Zu jener Zeit war ich schon Mutter zweier heranwachsender Kinder, Daniela und Alon, denen Peter und ich auf dieser Reise Europa zeigen wollten. Dies war unser erstes Wiedersehen mit Europa seit unserer Einwanderung nach Israel. Mit unserem Wagen legten wir weite Strecken zurück, tief beeindruckt von den abwechslungsreichen Landschaften, die sich vor uns auftaten. In Dänemark besuchten wir Freunde, die ebenfalls zu den Überlebenden von Theresienstadt gehörten, und mit ihnen fuhren wir dann fast drei Wochen durch Skandinavien. Von dort aus wollten wir als letztes Ziel unserer Europareise Venedig besuchen.

Bei einem Zwischenstop in Berlin besichtigten wir die Mauer, die die Stadt in einen östlichen und einen westlichen Teil spaltete. Hier erinnerten wir uns, dass die Tschechoslowakei nur wenige Fahrtstunden entfernt war. Wie von einer unsichtbaren Macht angezogen, fuhren wir in Richtung unserer alten Heimat. Ohne weitere Vorbereitungen und ohne die notwendigen Einreisepapiere, aber mit wachsender Aufregung, kamen wir ihr immer näher.

In der DDR fuhren wir über eine von beiden Seiten mit Stacheldraht abgesperrte Autobahn. Überall standen bewaffnete Uniformierte. Mehrmals wurden wir angehalten und misstrauisch durchsucht. Wir erschraken und bereuten bereits unsere plötzliche Entscheidung. Nur Peter ließ sich nicht von seinem einmal gefassten Entschluss abbringen.

Auffällig lange fuhr ein russischer »Wolga« neben uns her. Die beiden Insassen starrten uns drohend an, fuhren dann aber plötzlich weiter, ohne sich noch um uns zu kümmern.

Wir erreichten die tschechische Grenze bei Zinnwald, und Peter betrat das Zollhaus. Zwei ältere tschechische Grenzbeamte kamen mit ihm zurück und grüßten freundlich. Sie erklärten sich bereit, uns die fehlenden Einreisepapiere für vierundzwanzig Stunden auszustellen. Dafür mussten wir allerdings eine nicht geringe Summe bezahlen. Die Beamten boten uns Kaffee an und empfahlen uns ein kleines Hotel nahe der Grenze, wo wir erst einmal eine Rast einlegten.

Am nächsten Tag erreichten wir Prag. Jetzt zeigten wir unseren Kindern die Stätten der eigenen Kindheit. Wir standen auf der alten Karlsbrücke und blickten über die Moldau. Der Fluss – in meiner Erinnerung war er ein großer Strom – floss trüb und träge unter uns dahin.

Wir besuchten auch Theresienstadt. Von einem Ghetto war nichts mehr zu erkennen. Theresienstadt war jetzt Terezín, ein altes, graues Städtchen.

In Prag hatte man unsere Aufenthaltserlaubnis bereitwillig verlängert. So fuhren wir auch nach Pilsen, der Geburtsstadt meines Vaters. Die Gegend kam mir bekannt vor. Ich wusste, dass das Dorf, in dem meine Retter wohnten, nicht allzu weit entfernt liegen konnte. Wir erkundigten uns mehrmals. Schließlich wies man uns den Weg. Unser Gepäck konnten wir in einem kleinen Hotel in Doma‹lice zurücklassen. Durch ausgedehnte Maisfelder fuhren wir endlich in Richtung Postrekov. Wir hielten in der einzigen Straße des Dorfes und stiegen aus …

Ich wusste nicht, auf welches Haus ich zugehen sollte. Zwanzig Jahre sind eine lange Zeit und die Häuser ähnelten sich sehr. Zögernd betrat ich das nächste Haus, dessen Bewohner ich jedoch nicht wieder erkannte. Ich fragte nach der Familie Jahn und erwähnte auch das Flüchtlingsmädchen, das gegen Ende des Krieges bei Jahns gewohnt hatte. Die Leute erinnerten sich an meinen Namen, erkannten mich aber nicht. Sie zeigten mir das Haus der Jahns, das direkt gegenüber lag.

Dort öffnete ich das niedrige Holztor, das noch wie damals knarrte. Schon kam mir ein großer, aufrecht gehender Mann entgegen: Onkel Jahn hatte sich in diesen zwanzig Jahren kaum verändert. Er blickte mich forschend an, dann rief er plötzlich: »Unsere Eva!«

Lange umarmten wir uns. Vor Rührung brachten wir kein einziges Wort heraus. Nun kamen auch Peter und die Kinder. Tante Ludmila und Vlasta waren nicht zu Hause. Da das Erntedankfest bevorstand, halfen sie beim Kuchenbacken. Das ganze Dorf bereitete nämlich für diesen Tag im Haus des Nachbarn »Kolatschen« vor, ein Gebäck, das mit Mohn, Zwetschgenmus, Äpfeln oder Quark gefüllt wird.

Onkel Jahn führte uns zum Nachbarhaus und schon im Garten kamen uns die beiden Frauen entgegen. Tante Ludmila hatte immer noch ihre kräftige Stimme und rief lautstark durchs ganze Dorf: »Seht nur, wer da kommt! Eva – unsere Eva – ist zu Besuch gekommen!« Die Nachricht von unserer Ankunft breitete sich wie ein Lauffeuer aus und alle Bewohner von Postrekov strömten zusammen.

Zum Abendessen gab es hausgebackenes Brot, Butter, Milch und Kuchen. Alles war frisch wie immer. Jeder redete und erzählte – fast ohne Atem zu holen. Dann berichtete Onkel Jahn noch einmal ausführlich, wie er mich vor zwanzig Jahren gefunden hatte. Ich erinnerte mich nur noch schwach an die Einzelheiten und wusste manchmal nicht, ob ich diese Geschichte tatsächlich erlebt oder ob ich sie nur geträumt hatte. Aber Onkel Jahn zeigte uns sogar den Karren, auf dem er mich damals heimgefahren hatte. Der Leiterwagen stand immer noch bei ihm im Hof.

Vor lauter Erzählen und Feiern wurde es sehr spät. Obgleich wir herzlich eingeladen wurden, wollten wir die Nacht nicht im Dorf verbringen, um unseren Gastgebern keine Schwierigkeiten zu bereiten. Die Behörden sahen es nämlich nicht gern, wenn Ausländer in Privathäusern übernachteten. Doch versprachen wir wieder zu kommen, um den nächsten Tag mit ihnen zu verbringen.

Am folgenden Morgen versammelte sich ganz Postrekov bei den Jahns, und die Dorfkapelle spielte Märsche und alte Volkslieder. An diesem Tag schien niemand im Dorf zu arbeiten.

Wir suchten die Stelle auf, an der mich Onkel Jahn damals gefunden hatte, und auch das große Haus, in dem die deutsche Kommandantur gewesen war. Wir wanderten durch die Felder. Onkel Jahn erzählte Peter und den Kindern, was für dünne Glieder ich damals gehabt hatte und wie ich überall, wo man mich hinlegte, sofort eingeschlafen war.

Währenddessen hing ich meinen eigenen Gedanken nach: Alles hier war unverändert – das Feld, der Duft des frischen Heus, die summenden Bienen. Als ich vor zwanzig Jahren über dieses Feld rannte, war ich ein armes Kind gewesen, mutterseelenallein. Jetzt kehrte ich mit einer Familie hierher zurück. Neben Onkel Jahn saßen meine Kinder und lauschten andächtig seinen Erzählungen. Für sie war das alles wie ein unwirkliches Märchen, von dem ihnen das meiste unvorstellbar war.

Wir besuchten auch die Dorfkirche, in die ich jeden Sonntag – jedenfalls solange ich mein Jüdischsein noch geheimhielt – mit der Familie Jahn zur Messe gegangen war. Die Sonntagsschuhe waren so eng gewesen, dass ich es auf dem Rückweg stets vorgezogen hatte, barfuß zu laufen.

Es gab so viel zu erzählen – Erinnerungen und Neuigkeiten –, und wir konnten kein Ende finden. Auch Vlasta hatte geheiratet. Ihr Sohn und ihre Tochter waren etwas jünger als unsere Kinder.

Zu Mittag gab es eine echte tschechische Mahlzeit: Gänsebraten, Rotkohl und Knödel. An die Teller, von denen wir aßen, konnte ich mich noch gut erinnern. Als wäre es erst gestern gewesen …

Am Nachmittag kamen die Nachbarn wieder. Jeder brachte ein kleines Andenken für uns mit. Die Jahns überhäuften uns mit Kuchen und Süßigkeiten – als Proviant für die Weiterfahrt. Peter zog seinen Pullover aus und schenkte ihn Onkel Jahn. Der freute sich sehr darüber, um so mehr, als er hörte, dass ich ihn gestrickt hatte. Jetzt war der Moment des Abschieds nicht länger aufzuschieben. Unter Küssen und Tränen verließen wir Postrekov, das Dorf und die Menschen, bei denen ich zum zweiten Mal in meinem Leben so herzliche Aufnahme gefunden hatte.

An der Grenze musterten die Zöllner misstrauisch den Kuchenberg in unserem Auto. »Ihr seid die Familie, die in

Postrekov war«, sagten sie, und wir merkten, dass sie über jeden Schritt und Tritt, den wir gemacht hatten, genau informiert waren. Wir gaben ihnen einen Teil des Gebäcks, das wir mitbekommen hatten, und sie ließen uns fahren.

Dies war unser zweiter Abschied von der Tschechoslowakei. Schweigend setzten wir unsere Reise fort ...

Soweit meine Erinnerungen, wie ich sie im Frühjahr 1979, am Gedenktag für den Holocaust, vor der Schulklasse meines Sohnes Amir erzählt habe.

Was ich nun gerne noch nachtragen möchte – in wenigen Stichworten, denn dies wäre eine andere Geschichte –, ist, wie es Peter und mir nach unserer Ankunft in Haifa erging.

Unsere erste Nacht in Israel verbrachten wir bei einem Verwandten von Peter, der schon einige Zeit zuvor ins Land gekommen war. Bald darauf mieteten wir uns ein kleines Zimmer bei einer Familie in Kiriat Haim und Peter fand Arbeit bei einer Werft im Hafen von Haifa.

Nach heutigen Maßstäben besaßen wir so gut wie nichts in diesen Anfangsjahren, aber wir hatten auch keine großen Ansprüche. Es verlangte uns nicht nach Geld oder Wohlstand oder Erfolg – wir waren einfach nur froh, am Leben zu sein.

Wenige Monate nach unserer Ankunft in Israel kam unsere Tochter Daniela zur Welt. Jeden Morgen, wenn Peter zur Arbeit ging, kümmerte ich mich um unseren bescheidenen Haushalt, und währenddessen erfreute ich mich am Sonnenschein, an den Orangenbäumen vor dem Haus und an unserer kleinen Tochter. Nachmittags dann gingen wir zu dritt spazieren und bestaunten die wunderbare Landschaft unserer neuen Heimat.

Eines Tages hörten wir von den Plänen zur Besiedlung und Urbarmachung der Negev-Wüste im Süden des Landes. Der Gedanke, zu den Ersten zu gehören, die sich dort niederließen, faszinierte uns. Wir fuhren hin, um uns dort umzusehen – und waren beeindruckt. Besonders ein Ort hatte es uns angetan: die damals noch winzige Siedlung Ashqelon am Mittelmeer. Sie war in den fünfziger Jahren von wilder Naturschönheit umgeben, heute ist sie ein aufstrebender Badeort und eine der schönsten Gartenstädte Israels.

Um Teile des Negev künstlich zu bewässern, wurden damals große Pipelines gebaut, und Peter fand eine Anstellung als Bauleiter beim nationalen Wasserversorgungsunternehmen. Sein Arbeitgeber stellte uns ein einfaches Fertighaus zur Verfügung, so dass wir in dieser noch unerschlossenen Gegend immerhin ein Dach über dem Kopf hatten. Während der ersten Monate gab es keinen Stromanschluss und wir behalfen uns mit Petroleumlampen. Wasser pumpten wir aus einem nahe gelegenen Brunnen. Erst mit dem Ausbau der Versorgungsnetze erreichten dann auch uns die Segnungen der Zivilisation.

Während dieser Zeit kam unser Sohn Alon zur Welt. Mit zwei Kindern im Haus hatte ich nun alle Hände voll zu tun. Peters Gehalt reichte für uns alle, und so sah ich keinen Grund, die Kinder allein zu lassen, um wieder arbeiten zu gehen.

Im Jahr 1954 wurde in Ashqelon Bauland ausgewiesen – ein komplettes neues Stadtviertel sollte entstehen: Afridar. Wir beschlossen, uns dort ein eigenes Haus zu bauen. Dazu war es allerdings nötig, wieder in meinen Beruf als Krankenschwester zurückzukehren, denn Peters Einkommen reichte gerade mal für das Baumaterial, das wir brauchten.

Ein Jahr später, 1955, zogen wir ein. Bis heute wohnen wir im selben Haus im Stadtteil Afridar.

Etwa fünfzehn Jahre arbeitete ich als Krankenschwester, bis unser jüngster Sohn Amir geboren wurde. Daniela und Alon haben inzwischen eigene Familien und sie leben ebenfalls in Ashqelon. Daniela ist mit einem Piloten der israelischen Luftwaffe verheiratet, Alon leitet zusammen mit seinem Vater ein Bauunternehmen.

In den vergangenen dreißig Jahren ist uns nicht nur ein schöner Garten bei unserem Haus herangewachsen, sondern auch eine große Familie mit drei Kindern und vier Enkelkindern. Peter und mich, als Überlebende des Holocaust, erfüllt das mit ganz besonderer Freude.

Eva Erben, März 1981

Eva, 1939 in Prag

Mit dem Vater beim Spielen (1936)

Eva (rechts) mit ihrer Mutter und der Cousine Inge

Mit den Eltern im Riesengebirge (1935)

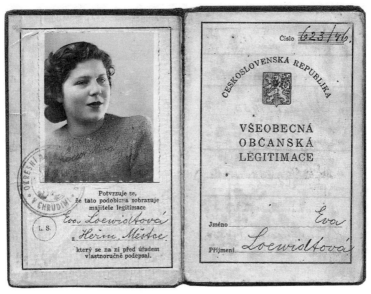

Erster Personalausweis (1946)

Im Waisenhaus, bei der Vorbereitung des »Seder zu Pessach« (Festmahl zu Ostern). Eva ist die zweite von links, in der weißen Schürze.

Im Waisenhaus (1947). Der elegante Schlafrock gehörte Evas Mutter und wurde ihr nach dem Krieg von der Schneiderin zurückgegeben.

Die Kinder und Enkelkinder von Eva und Peter Erben im Garten von Ashqelon

Nachwort

Gemessen an der Zahl der Opfer, haben nur wenige Menschen die Judenverfolgung des Dritten Reichs überlebt. Die meisten von ihnen haben ihre Erinnerungen nie erzählt, geschweige denn veröffentlicht. Was sie erlebt hatten, war zu grauenvoll, um es sich noch einmal zu vergegenwärtigen. Auch Eva Erben hat erst aus einem Abstand von vierzig Jahren die Kraft dazu gefunden. Dass es eine Schulklasse war, vor der sie zum ersten Mal von ihrer Kindheit in deutschen Lagern erzählte, hat eine besondere Bedeutung: Eines Tages, der nicht mehr allzu fern ist, wird niemand mehr am Leben sein, der persönlich und aus eigener Erfahrung von dieser Zeit berichten kann. Aus demselben Grund ist es auch wichtig, dass Eva Erben ihre Erinnerungen aufgeschrieben hat; inzwischen sind sie in hebräischer, englischer, tschechischer und nun auch deutscher Sprache zu lesen. Schon heute sind wir auf solche Dokumente angewiesen, wenn wir uns von der Zeit des Dritten Reichs und der Judenverfolgung ein Bild machen wollen, ein wahrhaftiges Bild, das nicht nur aus Daten und Zahlen in Geschichtsbüchern, sondern auch aus authentischen Berichten der Opfer besteht.

Zur Faszination von Eva Erbens Buch trägt für mich ein Eindruck bei, den ich gleich beim ersten Lesen hatte: Mir war, als ob ich langsam und aufmerksam ein Album durchblätterte. Nicht wegen der Photos, sondern weil Evas Geschichte aus lauter einzelnen Erinnerungs-Bildern besteht. Niemand erinnert sich an seine Kindheit wie an einen lückenlosen Roman, eher wie an ein unvollständiges Mosaik.

Das Gedächtnis behält die Erlebnisse, die besonders glücklich oder besonders leidvoll waren. Eine Auswahl dieser »Bilder« hat Eva Erben zu einem »Album« zusammengestellt. Darin liegt für mich eine Stärke ihres Buches – auch wenn das für den Leser bedeutet, dass er sich den historischen Hintergrund teilweise selbst ergänzen muss. Einiges, was ich für wissenswert halte, habe ich in dieses Nachwort aufgenommen.

In den tschechoslowakischen Westprovinzen Böhmen und Mähren, wozu auch Evas Geburtsstadt Prag gehörte, lebten Mitte der dreißiger Jahre ungefähr 118 000 Menschen jüdischen Glaubens, ein Drittel aller tschechischen Juden. Sie genossen volle bürgerliche und religiöse Freiheit. Es gab zwar immer einen gewissen Antisemitismus, aber keinerlei Gewalttätigkeit. Dies änderte sich mit dem Einmarsch der deutschen Truppen am 15. März 1939.

Die Provinzen Böhmen und Mähren wurden zu einem Protektorat erklärt, einem selbständigen und »geschützten«, in Wahrheit aber völlig untergeordneten Teil des Deutschen Reiches. Bald nach der Besetzung traten hier alle anti-jüdischen Gesetze in Kraft, die schon im Reichsgebiet galten. Damit wurde die Isolierung der Juden und die Enteignung ihres Besitzes in Gang gesetzt. Alle neuen Reichsgesetze (zum Beispiel die Einführung des gelben Davidsterns im September 1941) galten automatisch auch für das Protektorat. Noch vor dem Kriegsausbruch emigrierten etwa 26 000 Juden, so dass ungefähr 90 000 im Protektorat zurück blieben.

Schon im Oktober 1939 wurden die ersten tschechischen Juden nach Polen deportiert. Dort hatte die von den Nationalsozialisten beabsichtigte Vernichtung des jüdischen Volkes bereits begonnen: Massenverhaftungen, Unterbringung in Ghettos und Arbeitslagern, Liquidationen vor Ort. Am 31. Juli 1941 dann wurde Reinhard Heydrich, Leiter des SS-Reichssicherheitshauptamtes und zugleich stellvertretender Reichsprotektor von Böhmen und Mähren, mit der »Endlösung der Judenfrage« beauftragt. In der Folge wurden die bereits bestehenden Konzentrationslager ausgebaut. Sie sollten als »Durchgangslager« für den Weitertransport in die noch zu errichtenden Vernichtungslager in Polen dienen.

Auch im Protektorat Böhmen und Mähren sollte ein »Durchgangslager« entstehen. Zu diesem Zweck wurden im November 1941 sogenannte »Aufbaukommandos« nach Theresienstadt geschickt, jüdische Fachkräfte, Handwerker, Ingenieure, Verwaltungsfachleute, die die ehemalige Garnisonsstadt in ein Ghetto umfunktionieren sollten.

Bald darauf, am 20. Januar 1942, fand in Berlin die so genannte »Wannsee-Konferenz« statt, bei der das Programm zur »Endlösung der Judenfrage« festgelegt wurde: Abtransport aller europäischen Juden nach Osten; Dezimierung durch Zwangsarbeit bei unzureichender Ernährung; »entsprechende Behandlung« des »Restbestandes«. Ebenfalls bei der »Wannsee-Konferenz« wurde für das ursprünglich nur als »Durchgangsghetto« geplante Lager Theresienstadt ein Sonderstatus beschlossen. Die Reichsführung befürchtete nämlich, das Verschwinden prominenter Juden in den Vernichtungslagern könnte unangenehme Fragen aus dem Ausland nach sich ziehen. Also brauchte man ein Lager, in dem man jüdische Künstler und Wissenschaftler eine Zeitlang für alle Welt vorzeigbar halten konnte. Um ein solches

»Musterlager« für propagandistische Zwecke nutzen zu können, würden die Lebensbedingungen dort »besser« sein müssen als in den auf Massenvernichtung ausgerichteten Lagern. Und wenn schon ein Lager für jüdische Prominente, dann sollte man dort auch andere »Begünstigte« unterbringen, etwa jüdische Kriegsveteranen, die im Weltkrieg für Deutschland gekämpft hatten, und überhaupt alle Reichsjuden über 65 Jahre. Die Standortwahl für dieses »Musterlager« fiel auf Theresienstadt.

Auch wenn die Lagerleitung und selbst die Insassen Theresienstadt als »Ghetto« bezeichneten, so war es doch ein Konzentrationslager. Die Häftlinge waren nicht freiwillig dort, sie wurden schlecht ernährt und zum Arbeitseinsatz gezwungen, es gab harte Strafen, Folterungen und Hinrichtungen. Während der dreieinhalb Jahre, die das Lager bestand, starben dort mehr als 30 000 Menschen. Trotzdem waren die Lebensbedingungen der Häftlinge um vieles »besser« als in anderen Lagern. Deshalb wäre es eine Verharmlosung, andere deutsche Konzentrationslager mit Theresienstadt gleichzusetzen.

Das Lager Theresienstadt wurde von der SS geleitet, doch gab es dort eine jüdische »Selbstverwaltung«. Sie unterstand den Befehlen der SS, hatte aber innerhalb dieses Rahmens relativ weitgehende Befugnisse. Sie war zuständig für die Arbeitsorganisation, die Unterbringung der Neuankömmlinge, das Gesundheitswesen, die Altenversorgung und das kulturelle Leben. Eine weitere wichtige Aufgabe war die »Jugendfürsorge«. Die erwachsenen Häftlinge bemühten sich, den Kindern und Jugendlichen im Lager den grausamen Alltag so erträglich wie möglich zu gestalten.

Ein Großteil der Kinder wohnte in Kinderheimen. Dort war es möglich, sie besser unterzubringen und zu ernähren als die Erwachsenen. Sie lebten in Kollektiven unter der Obhut eines sehr engagierten Personals. Die Erwachsenen legten großen Wert darauf, dass die Kinder viel Gelegenheit zum Spielen hatten. Die Kinder sollten ihre schlimme Situation wenigstens zeitweise vergessen können und möglichst keinen Schaden an ihrer Entwicklung nehmen. Die Lagerleitung duldete das Spielen, solange es nicht die Disziplin oder die Arbeit störte. Es gab Morgengymnastik, tägliche Spielzeiten und sportliche Wettbewerbe, zum Beispiel im Fußball. Jedes Heim hatte seine Mannschaft, seinen Wimpel und seine Tracht.

Zwar war das Spielen erlaubt, aber alles, was der Bildung dienen konnte, war verboten. Für die SS war die Auslöschung des jüdischen Volkes beschlossene Sache, da erschien es sinnlos, die Kinder »für das Leben lernen« zu lassen. Die Häftlinge dagegen hofften für sich und ihre Kinder, eines Tages wieder in Freiheit zu gelangen. Deshalb fanden sie Mittel und Wege, um trotz des Verbots einen notdürftigen Unterricht zu organisieren. Der Unterricht wurde als Spiel getarnt. Die Kinder standen abwechselnd Wache, um ihre Klassenkameraden und Lehrer zu warnen, wenn sich SS-Männer näherten. Dann musste das Klassenzimmer blitzschnell in eine Spielszene verwandelt werden. Erwischt zu werden konnte für die Kinder harte Strafen, für die Lehrer Deportation und Tod bedeuten.

Für das Spielen, die Wettkämpfe und auch den Unterricht begeisterten sich die meisten Kinder sehr, gab ihnen das alles doch ein Gefühl relativer Normalität. Insofern waren die Anstrengungen und Gefahren, die die Erwachsenen dafür auf sich nahmen, nicht vergeblich – auch wenn fast keines dieser Kinder je wieder in Freiheit gelangen sollte. In den dreieinhalb Jahren, in denen das Lager Theresienstadt bestand, waren dort insgesamt mehr als 15 000 Kinder interniert. Nach und nach wurden sie nach Auschwitz transportiert und dort getötet. Nur etwa Hundert überlebten.

Was für die Kinder das Spielen und der Unterricht war, war für die Erwachsenen die Kunst. Der Hunger, die Zwangsarbeit, die Strafmaßnahmen und die konkrete Angst vor dem, was die SS letzten Endes mit ihnen vorhatte, zehrten an ihren Kräften, den körperlichen wie den seelischen. Um nicht der Verzweiflung oder der Schwermut zu verfallen, brauchten die Gefangenen etwas, was ihnen Tag für Tag neuen Lebensmut gab. Nun waren in Theresienstadt überdurchschnittlich viele Künstler inhaftiert, die es danach drängte, wieder in ihrer früher geübten Kunst tätig zu sein. In der Anfangszeit jedoch, als noch keine ausländischen Besucherdelegationen ins Lager kamen, hatte die SS noch kein Interesse, die Kunstausübung zu fördern. So war zum Beispiel der Besitz von Musikinstrumenten unter Androhung der Todesstrafe verboten. Die ersten Kammermusikveranstaltungen fanden heimlich statt, mit Wachen vor den Gebäuden; auf Applaus musste verzichtet werden, damit die SS nicht aufmerksam wurde.

Es war ein Häftling, der Rabbiner Erich Weiner, Mitglied der jüdischen »Selbstverwaltung«, der den Gefangenen dann in großem Stil die Begegnung mit Kunst ermöglichte. Auf seine Initiative hin erlaubte die Lagerleitung so genannte »Freizeitgestaltung«. Geradezu gierig nach Kunst, stellten die Gefangenen bald ein Kulturprogramm auf die Beine, das sich mit dem einer Großstadt messen konnte. Es gab Liederabende, Konzerte, Dichterlesungen, Kabarett-Veranstaltungen, Ausstellungen, Schauspiel-, Ballett- und Opernaufführungen. Jeden Abend, nach der mehr als zehnstündigen Zwangsarbeit, gab es eine Vielzahl von Veranstaltungen, alle mit den bescheidensten Mitteln durchgeführt, aber von einem Großteil der durchschnittlich 40 000 Lagerinsassen besucht. Einzig in der Begegnung mit Kunst war den Gefangenen wenigstens stundenweise ein menschenwürdiges Leben möglich. Ob als Ausübende oder als Publikum – in der Kunst fanden sie nicht nur Ablenkung und Unterhaltung, sondern auch Trost, Stärkung und eine Möglichkeit für die geistige Verarbeitung ihrer entwürdigenden Situation.

Als in Auschwitz und anderswo die Tötungsmaschinerie auf Hochtouren lief, begann die SS, das Lager Theresienstadt propagandistisch zu nutzen. Ausländischen Delegationen wurde gestattet, das Lager zu besichtigen, um sich davon zu überzeugen, dass es den Juden im Reich und in den besetzten Gebieten an nichts mangelte, dass sie sogar ungehindert den schönen Künsten nachgehen durften. Zu diesem Zweck ordnete die SS eine umfangreiche »Stadtverschönerung« an: Fassaden wurden gestrichen, Blumenkübel und Parkbänke aufgestellt, ein Kinderspielplatz und Spazierwege angelegt, Geschäfte mit Waren in den Schaufenstern eingerichtet und vieles mehr. All dies durften die Häftlinge entweder überhaupt nicht nutzen, oder es handelte sich sowieso nur um Attrappen.

Die lange im Voraus angemeldeten Besucher aus dem

Ausland wurden durch die blitzblank geputzten Straßen geführt und bekamen Kostproben der Konzert- und Theaterveranstaltungen präsentiert, bei denen Juden und SS-Leute in freundlicher Eintracht im Publikum saßen. Die Besucher fielen auf die ihnen vorgegaukelte »lustige Ghettowelt« herein und taten die Gerüchte über unvorstellbare Grausamkeiten in deutschen Konzentrationslagern als Gräuelmärchen ab. Die SS nutzte das »verschönerte« Lager sogar, um einen Propagandafilm drehen zu lassen, der den zynischen Titel hatte: »Der Führer schenkt den Juden eine Stadt«. Dieser Film lief im Herbst 1944 in allen Kinos des Reiches und ›zeigte‹ den Zuschauern, dass die Juden fröhlich Kaffee trinken, tanzen und Musik machen, »während die deutschen Soldaten an der Front verbluten«.

Das »Musterlager« Theresienstadt hatte jetzt seine Propagandafunktion erfüllt. Im Herbst 1944 wurden alle Künstler auf die Transportlisten für die Deportation nach Auschwitz gesetzt. Die Deutschen fürchteten, dass die vorrückenden sowjetischen Truppen den Betrieb der Todesfabriken stören könnten, und wollten so viele Häftlinge wie möglich noch der Vergasung zuführen. Transport um Transport verließ das Lager und bereits Ende Oktober 1944 war Theresienstadt »künstlerfrei«. Als das Lager am 8. Mai 1945 von den Russen befreit wurde, befanden sich dort noch 17 515 Häftlinge. Über 150 000 Juden waren von hier in die Vernichtungslager transportiert worden.

Erst nach dem Kriegsende stellte sich das ganze Ausmaß der deutschen Judenvernichtung heraus. Anhand der Buchführung der Täter und mit Hilfe von Volkszählungen im Sommer 1945 zeigte sich, dass von den etwa zehn Millionen

Juden, die bei Kriegsbeginn in Europa gelebt hatten, über sechs Millionen ermordet worden waren. In Böhmen und Mähren waren von ursprünglich 90 000 Juden nur noch etwa 10 000 am Leben.

Die Überlebenden waren mit knapper Not dem Tod entronnen, sie waren physisch und psychisch gebrochen. Fast jeder hatte Angehörige verloren, von großen Familien waren oft nur wenige übrig geblieben, manchmal nur ein Einziger. Zu Schmerz und Trauer kamen Verstörung und Orientierungslosigkeit: »Warum habe ich, gerade ich, überlebt? Warum hat man alle vernichtet, mich aber vergessen? Was soll nun aus mir werden?«

Die meisten Überlebenden wurden zunächst in DP-Lagern untergebracht, in Lagern für »displaced persons«. Dort und in vielen europäischen Großstädten gründeten Gesandte jüdischer Organisationen aus Palästina Jugendgruppen, um den überlebenden Kindern und Jugendlichen wieder Halt zu geben, ihr Selbstbewusstsein aufzubauen und sie nach Möglichkeit auf ein Leben in Palästina vorzubereiten.

Palästina war damals englisches Mandatsgebiet, und die Engländer ließen, auf Druck der Araber, nur eine geringe Zahl von Einwanderern zu. Trotzdem wanderten viele Überlebende zwischen 1945 und 1948 nach Palästina aus. Sie fuhren auf alten, überfüllten Schiffen und wurden nachts von den einheimischen Helfern an Land gebracht und in die jüdischen Siedlungen verteilt. Wer von den Briten gefangen wurde, wurde nach Zypern ausgewiesen. Dort mussten die Menschen warten, bis sie 1948, nach der Gründung des Staates, endlich in Israel einwandern durften.

Doch auch in Israel erwartete sie noch nicht die erhoffte Normalität, sondern erst einmal wieder Krieg. Die meisten Einwanderer waren völlig mittellos ins Land gekommen, und nun mussten sie all ihre Kräfte daran setzen, sich in der fremden, neuen Heimat eine Existenz aufzubauen. Ihre Sehnsucht nach Normalität war so groß, dass sie ihre Erinnerungen zur Seite schoben und sich dem Aufbau des Landes, der Gründung einer eigenen Familie widmeten. Verdrängen war in dem jungen Land lebenswichtig, niemand wollte oder konnte sich anhören, was »dort« passiert war. Das »Hier« war wichtiger. So lässt sich erklären, warum noch vierzig, fünfzig Jahre nach dem Holocaust autobiographische Berichte aus Israel erscheinen. Jeder einzelne dieser Berichte ist wichtig, denn nur sie können die Erinnerung wach halten, dass sich hinter der gewaltigen Zahl der »sechs Millionen« einzelne Menschen verbergen.

Mirjam Pressler, Mai 1995

Bücher zum Weiterlesen
Eine Auswahl

Gila Almagor, *Auf dem Hügel unter dem Maulbeerbaum*. München: Carl Hanser Verlag 1994

Horst Burger, *Warum warst du in der Hitler-Jugend? Vier Fragen an meinen Vater*. Reutlingen: Ensslin & Laiblin Verlag 1976

Michel de Castillo, *Elegie der Nacht*. Hamburg: Verlag Hoffmann & Campe 1959

Janina David, *Ein Stück Himmel*. München: Carl Hanser Verlag 1981

Anne Frank, *Das Tagebuch der Anne Frank*. Fassung von Otto H. Frank und Mirjam Pressler. Frankfurt a.M.: Fischer Taschenbuch Verlag 1995

Max von der Grün, *Wie war das eigentlich? Kindheit und Jugend im Dritten Reich*. Darmstadt: Luchterhand Verlag 1979

Ilse Koehn, *Mischling zweiten Grades*. Reinbek b. Hamburg: Rowohlt Verlag 1979

Joel König, *David*. Frankfurt a.M.: Fischer Verlag 1979

Klaus Kordon, *Der erste Frühling*. Weinheim: Verlag Beltz & Gelberg 1993

Uri Orlev, *Die Insel in der Vogelstraße*. Berlin: Elefanten Press Verlag 1986

Leonie Ossowski, *Stern ohne Himmel*. Weinheim: Verlag Beltz & Gelberg 1978

Walther Petri (Hrsg.), *Das Tagebuch des Dawid Rubinowicz*. Weinheim: Verlag Beltz & Gelberg 1986

Mirjam Pressler, *Ich sehne mich so. Die Lebensgeschichte der Anne Frank*. Weinheim: Verlag Beltz & Gelberg 1992

Jan Procházka, *Es lebe die Republik. Ich, Juliana und das Kriegsende*. Hamburg: Verlag Friedrich Oetinger 1987

Aranka Siegal, *Weißt du nicht, dass du Jüdin bist?* Ravensburg: Otto Maier Verlag 1985

Dorothea Stanic (Hrsg.), *Kinder im KZ*. Berlin: Elefanten Press 1979

Anton Tellegen, *Ich war fünfzehn und zum Glück groß für mein Alter*. Hamburg: Cecilie Dressler Verlag 1987

Tatjana Wassiljewa, *Ab jetzt zählt jeder Tag*. Weinheim: Verlag Beltz & Gelberg 1994

Arnulf Zitelmann, *Paule Pizolka oder Eine Flucht durch Deutschland*. Weinheim: Verlag Beltz & Gelberg 1991

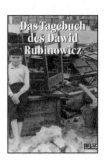

Walther Petri (Hrsg.)
Das Tagebuch des Dawid Rubinowicz
Aus dem Polnischen von Stanislaw Zyliński
Mit Nachwort des Herausgebers
Mit Fotos aus dem DEFA-Dokumentarfilm *Dawids Tagebuch*
von Walther Petri und Konrad Weiß
Beltz & Gelberg Taschenbuch (78034), 128 Seiten   *ab 12*
»*Luchs*« *von ZEIT und Radio Bremen*

Dawid Rubinowicz wurde 1927 geboren. Er lebte mit seinen
Eltern und Geschwistern in einem Bauerndorf in Polen, wo sein
Vater eine kleine Molkerei besaß. Als das Land 1939 von
deutschen Soldaten besetzt wurde, änderte sich vieles im Leben
der Menschen und besonders der Juden: Sie wurden durch
Gesetze immer stärker eingeengt und durften bald nur noch in
abgeschlossenen Bezirken leben. Im März 1940 begann Dawid
Tagebuch zu führen. Anfangs schrieb er nur selten, dann wurden
seine Eintragungen länger – und trauriger. Im Juni 1942 bricht das
Tagebuch mitten in einem Satz ab. Wenig später wurde Dawid mit
den anderen jüdischen Dorfbewohnern nach Treblinka gebracht
und dort ermordet. – Ein jüdisch-polnisches Pendant zum
»Tagebuch der Anne Frank«.

www.beltz.de
Beltz & Gelberg, Postfach 10 01 54, 69441 Weinheim

Inge Auerbacher
Ich bin ein Stern
Aus dem Amerikanischen von Mirjam Pressler
Mit Fotos und einer Zeittafel
Beltz & Gelberg Taschenbuch (78136), 112 Seiten   *ab 11*
Auswahlliste zum Deutschen Jugendliteraturpreis

Inge Auerbacher wächst als Kind einer jüdischen Familie in einem
schwäbischen Dorf auf. Sie ist sieben, als sie 1942 mit ihren Eltern
in das Konzentrationslager Theresienstadt deportiert wird. Inge
Auerbacher erzählt aus der Sicht des Kindes von ihren Freunden
und ihrer Familie. Wie ihr Vater nach der Reichspogromnacht sein
Geschäft aufgeben und sie den gelben Stern tragen muß. Von der
schrecklichen Zeit im Lager, von der Verzweiflung und der
ständigen Angst. Aber immer noch gibt es Spiele, die das
Überleben erträglicher machen.

»Dieser autobiographische Bericht ist tief bewegend und
wahrheitsgetreu ... Mir fällt kein anderes Buch zu diesem Thema
ein, das ich für diese Altersgruppe so empfehlen könnte wie
dieses.«
Bruno Bettelheim

www.beltz.de
Beltz & Gelberg, Postfach 10 01 54, 69441 Weinheim

Tatjana Wassiljewa
Ab jetzt zählt jeder Tag
Roman
Aus dem Russischen von Georg Michael Werner
Beltz & Gelberg Taschenbuch (78269), 232 Seiten, *ab 12*

Russland 1941. Tanja ist dreizehn Jahre alt und lebt in Wyritza, einem Dorf in der Nähe von Leningrad. Bis dorthin ist der Krieg noch nicht gekommen. Doch die glücklichen Tage ihrer Kindheit sind vorbei, als deutsche Panzer über die Dorfstraße rollen. In diesem Winter müssen sich Tanja und ihre Familie von Sägespänen, Baumrinde und Katzenfleisch ernähren. Dann wird Tanja als Zwangsarbeiterin nach Deutschland verschleppt, wo sie oft bis zum Umfallen in Fabriken arbeiten muss. – Ein bewegender Roman, der vom Mut zum Überleben handelt.

www.beltz.de
Beltz & Gelberg, Postfach 10 01 54, 69441 Weinheim